培养 3~6 岁幼儿
"坚持性"的
研究与实践

宋晓东 著

江苏大学出版社
JIANGSU UNIVERSITY PRESS

镇 江

图书在版编目（CIP）数据

培养3~6岁幼儿"坚持性"的研究与实践/宋晓东
著. —镇江：江苏大学出版社，2020.11
ISBN 978-7-5684-1449-4

Ⅰ.①培… Ⅱ.①宋… Ⅲ.①学前教育—教学研究
Ⅳ.①G612

中国版本图书馆 CIP 数据核字（2020）第 192849 号

培养3~6岁幼儿"坚持性"的研究与实践

Peiyang 3~6 Sui You'er "Jianchixing" De Yanjiu Yu Shijian

著　　者/宋晓东
责任编辑/李经晶
出版发行/江苏大学出版社
地　　址/江苏省镇江市梦溪园巷 30 号（邮编：212003）
电　　话/0511-84446464（传真）
网　　址/http：//press. ujs. edu. cn
排　　版/镇江文苑制版印刷有限责任公司
印　　刷/镇江文苑制版印刷有限责任公司
开　　本/718 mm×1 000 mm　1/32
印　　张/6
字　　数/156 千字
版　　次/2020 年 11 月第 1 版　2020 年 11 月第 1 次印刷
书　　号/ISBN 978-7-5684-1449-4
定　　价/28. 00 元

前　言

　　学前教育作为幼儿基础性教育，其中，幼儿学习品质的习得教育尤为重要。幼儿在活动过程中表现出的积极态度和良好行为倾向将会影响孩子的一生，而学习品质习得的关键期则是在幼儿阶段。

　　《3~6岁儿童学习与发展指南》（以下简称《指南》）中明确提出："幼儿园教育要为幼儿一生的发展打好基础。要特别注重那些对儿童一生产生影响的品质培养，为其后继学习和终身发展奠定基础。"《指南》的前言部分把"学习品质"的培养作为重要的目标。学习兴趣、学习态度、学习习惯、学习风格时刻体现在孩子们的日常游戏和生活中，如"幼儿在活动过程中表现出的积极态度和良好行为倾向""好奇心和学习兴趣""积极主动""认真专注""不怕困难""敢于探究和尝试""乐于想象和创造"等，都是学习品质的具体内容。虽然目前没有明确地把学习品质作为一个领域进行阐述，但培养幼儿学习品质的理念却融入《指南》中的各个部分。

　　学习品质不是儿童要学习的知识、技能本身，而是在学习这些知识技能过程中的态度和倾向。学习品质注重的是儿童如何学习，以及在学习中所表现出来的倾向性，如是主动还是被动，是坚持还是半途而废，是专注还是不专注等。在幼儿生活和游戏的过程中，习得良好的学习品质远比掌握知识技能本身更重要，因为好的学习品质是幼儿后期学习的催化剂，更能激发孩子的潜能。

坚持性是学习品质的重要内容，是指人们为了完成任务而持续地克服困难的一种心理能力。古人曰："锲而舍之，朽木不折；锲而不舍，金石可镂。"因此，我们必须注重幼儿坚持性品质的培养。顽强的毅力是取得成功的最大秘诀，任何非凡成就、优异成绩的获得，都是持之以恒的结果。

坚持性学习品质是在体育、语言、社会、科学、艺术等各领域的具体游戏活动中表现出来的，如"在提醒下，按时睡觉和起床，并能坚持午睡""专注地反复看自己喜欢的图书""主动承担任务，遇到困难能够坚持探索而不轻易求助""敢于尝试有一定难度的活动和任务""对自己感兴趣的问题总是刨根问底""能够专心地观看自己喜欢的文艺演出或艺术品"等。坚持性对幼儿的终身学习与发展有着深刻的影响。因此，教师要根据各年龄段幼儿的特点，采取有针对性的区域游戏进行个别化教育，捕捉日常生活中的教育契机，促进幼儿注意力和专注力的提高，并在游戏过程中培养幼儿的好奇心、主动性、专注性、坚持性和解决问题的灵活性。坚持性作为幼儿学习品质的一项重要内容，不仅对幼儿形成健康的人格具有重要作用，而且对发展幼儿的认知能力也具有十分重要的意义。

本书结合幼儿日常的游戏和生活，就抓住区域游戏、自主游戏活动以及幼儿一日生活、家园互动中的教育契机，发展幼儿专注、坚持性等良好的学习品质，用详尽的活动实录和有趣的生活故事，详细阐述了幼儿在游戏活动中如何习得"坚持与专注性""不怕困难""敢于探究和尝试"等良好的学习品质，期望实现幼儿园课程在幼儿成长中的最大价值。本书是著者28年教育历程的总结和提升，由于理论水平有限，不当之处请各位读者指正。

著者

2020 年 9 月

目 录

第二章　培养中班幼儿 "坚持性" 的研究与实践

第三章 培养大班幼儿"坚持性"的
研究与实践

第四章 幼儿日常生活中"坚持性"的
研究与实践

概　述

　　中国有句古话，"三岁看大，七岁看老"。三岁看大、七岁看老的真正含义是什么呢？是比较孩子认了多少字、会做多少道数学题？还是背过了多少首古诗？都不是。比灌输知识更重要的，是培养孩子主动探索、获取知识的能力；是在教育过程中帮助孩子养成浓厚的学习兴趣和积极主动、认真专注、不怕困难、敢于挑战的学习品质，这些都远比习得知识技能本身更重要。

　　学习品质不是儿童要学习的知识、技能，而是在学习知识和技能的过程中的态度和行为倾向。比如，一个拥有良好听力的幼儿，未必是一个好的倾听者；一个力气不够大，甚至动作不太协调的幼儿，却愿意与老师一起抬桌子、扫地。前一个幼儿有相应的身体素质能力却没有相应的品质，后一个幼儿虽然行为技能不强，却有相应的品质。由此可见，在教育过程中，培养好的学习品质远比掌握知识更重要，知识技能可以随着年龄增长通过学习逐渐获得，而好的学习品质如果没有在幼时形成，以后就很难弥补。

　　对幼儿来说，学习品质是在幼儿的生活和游戏活动中，在体育、语言、社会、艺术等各领域的具体学习活动中表现出来的，是在游戏和其他日常活动中培养的，是在幼儿的日常生活活动、区域游戏、个别化学习活动、良好的家园互动等方面体现的。幼儿在完成学习任务或应对挑战时，保持好奇心、主动性、专注性、坚持性、解决问题的灵活性等，以及在运用知识与技能的过程中所表现出的积极倾向，应是学习品质培养重点考虑的结构要素。

《3~6岁儿童学习与发展指南》中明确提出："幼儿园教育要为幼儿一生的发展打好基础。要特别注重那些对儿童一生产生影响的品质培养，为其后继学习和终身发展奠定基础。"古人曰："锲而舍之，朽木不折；锲而不舍，金石可镂。"坚持性是指人们为了完成任务而持续地克服困难的一种心理能力，是最为重要的学习品质之一。坚持性强的幼儿，能最大限度地运用自己的智慧，达到认识客观世界的目的，获得知识和发展能力。3~6岁是幼儿坚持性发展的关键期，因此我们必须注重对幼儿坚持性的培养。顽强的毅力是取得成功的最大秘诀，任何非凡成就、优异成绩的获得，都是持之以恒的结果。

要想培养幼儿的坚持性意志品质，就要先了解何为"注意"。"注意"，即人的心理活动集中在一定的人或物，包括有意注意和无意注意。有意注意是自觉的、有目的的注意，需要一定的努力才能做到；无意注意则是自发的，不需要任何努力。婴儿时期以无意注意为主，但随着年龄的增长，生活内容的丰富，活动范围的扩大，逐渐出现有意注意。如前所述，小班幼儿一般只能稳定地集中注意力3~5分钟；中班幼儿可达10分钟；大班幼儿可延长到10~15分钟。

实验结果表明，孩子在游戏活动中，其注意力集中程度和稳定性较强。小班幼儿的无意注意占明显优势，新异、强烈以及活动着的刺激物很容易引起他们的注意。在他们入园后经过一段时间的适应，对于喜爱的游戏或感兴趣的学习等活动，可以聚精会神地进行。但是，他们的注意力很容易被其他新异刺激所吸引，也容易转移到新的活动中去。例如，一个小班小朋友正在高兴地玩建构游戏，但是如果这时候有玩风车的小朋友经过，这个孩子马上就去看风车了。由此可见，低年龄段幼儿的注意力很不稳定。

正由于此，当一个幼儿因为得不到自己想玩的玩具而哭闹时，如果给他其他的玩具，以此转移他的注意力，这时，虽然他的脸上还挂着泪珠，但是很快就能高兴地玩起来。因此，要根据各年龄段幼儿的特点，采取有针对性的区域游戏进行个别化教学，促进幼儿有意注意和专注力的提高。在此过程中，要注重培养幼儿对学习任务或挑战保持好奇心、主动性、专注性、坚持性和解决问题的灵活性。

可究竟如何培养幼儿学习的"专注和坚持性"？采取哪些方式，才是幼儿喜欢的、易于接受的，并且能够润物无声地培养幼儿专注、坚持、不怕困难、勇于探索的良好学习习惯和优良品质呢？现结合教育工作实践，就如何抓住区域游戏、个别化学习活动以及幼儿一日生活、家园互动中的教育契机，进行幼儿"坚持与专注性""不怕困难""敢于探究和尝试"等良好学习品质的培养，谈谈自己的做法与感悟。

第 一 章

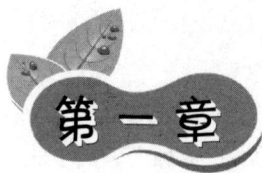

培养小班幼儿"坚持性"的研究与实践

小班幼儿正处于身体迅速发展的时期，动作发展是其重要标志，所以要给小班幼儿创设尽可能多的机会和条件。个别化的区域游戏在幼儿成长中起着特殊的教育作用。游戏是一种自由自愿的活动，幼儿在游戏时可以根据自己的意愿、能力进行各种活动，放松自然地表达思想感情，因而感到轻松愉快。所以，在幼儿教育中，应该充分发挥游戏的重要作用。小班幼儿进行游戏的持续性不强，容易被其他新奇的东西吸引。教师通过游戏后开展及时的分享会加强孩子们持续探索的兴趣，促进小班幼儿专注性、积极探索等良好学习品质的发展。

教师要做好"引导者"的角色，促使幼儿更好地开展游戏。《指南》中指出："教师应该成为幼儿学习的支持者、合作者、引导者和欣赏者。"这就要求幼儿教师要找好自己的定位，在观察时找好时机，适当介入，保证游戏的顺利进行，有时候一句话、一个反问、一个提问可能就会引发幼儿的思考，在思考中发挥他们的想象力和创造力。

游戏中要引发互动。区域游戏中，无论是幼儿搭建技能的提高，还是很多游戏技能的获得，并不是完全来自教师的指点，而有的是来自幼儿之间的相互模仿、同伴之间的对话、原有经验的相互交流，这会让幼儿拥有新的经验。在这个过程中，幼儿之间形成互动，取长补短，发现问题，解决问题，可以很快地提高现有水平，推动游戏的持续开展。

好吃的夹心饼干

　　兴兴小朋友拿了穿项链的材料准备进行创作。他先拿了一个黄色小圆，又拿了一个小熊，再拿了一个黄色小圆，自言自语道："夹心饼干完成了。"他边说边又拿起一个红色小圆，然后把一个红色小熊放在上面，又拿了一个红色小圆放在上面。"我的小熊夹心饼干完成了。你来玩我这一个吗？"他邀请旁边的小朋友乐乐。乐乐没有抬头，兴兴接着拿了一个黄色大圆，拿了一个黄色小圆放在上面，之后又拿了个小熊放上，最后拿了个黄色大圆放在最上面，"又一个完成了"。同样的方法他又做了一个红色的，先是红色的大圆，又一个红色的小圆，再就是小熊，最后选择红色的大圆盖住。再之后把这几套有规律地摆好，黄色——红色——黄色——红色。接下来，他选择了白色进行制作，先拿了白色小圆，又拿了个小熊，再拿了个白色小圆；接着去拿了蓝色小圆，小熊放在上面，再找来找去发现没有蓝色小圆了，于是他改变了制作规律，把白色的夹心饼干上面换成蓝色小圆，制作出两个一样的夹心饼干，有规律地放好。接下来，他就拿来了绳子开始穿，穿过小熊后，他发现穿不进去，于是把小熊有规律地摆放在了一边，当旁边其他小朋友合作交流玩材料的时候，吸引了他的注意力，他转过头看了一会儿，但很快又回到自己的操作上来，继续自己的制作。

分析

　　颜色选择，是小班幼儿所喜欢的，红、黄、蓝是最基础的三个颜色，小班幼儿对颜色的认知就是从它们开始的，所以小班幼儿对于红、黄、蓝三原色最为熟悉和喜爱。可以看到兴兴选择的就是三原色。幼儿先对颜色进行选择，然后进行"夹心饼干"的制作，在这个过程中还会通过对大小的一一比较，并选取自己喜欢的颜色，说明该幼儿还是很有主见的。制作过程中，他兴趣浓厚、仔细认真，能够较好地运用以往的生活经验，如制作生活中幼儿经常吃到的夹心饼干，进行规律地排放、制作。当他想选取白色而白色不够用的情况下，随机调整换成蓝色，说明幼儿游戏中具备以物代物的能力。然后在将制作好的饼干穿在绳子上的过程中，对于穿不进去的小熊，兴兴也没

幼儿摆放行为的次序性

有表现出急躁和不耐烦，而是反复试验，最后成功穿进去。整个过程该幼儿坚持了20分钟，有目标、有计划地进行自己的活动，而不是单单局限于原有材料的制作，非常有耐心，坚持性强、不浮躁，遇到困难态度乐观，积极动脑筋想办法，独立思考，专注自己的制作。而且在整个过程中，该幼儿有相当好的物品摆放习惯，有良好的规律性，不随意摆放，能够自己认真动脑动手进行游戏。

指导与跟进

幼儿一开始选择的颜色材料是充足的，但是到了后期，缺少了白色、蓝色材料，以后要补上足够的材料支持幼儿游戏的需要，激发幼儿继续游戏的兴趣。在整个过程中，幼儿都将一一对应和有规律排序等数学知识能力运用到制作中。可以在区域活动点评时，让幼儿来分享自己的作品，在分享的过程中培养幼儿的自信，也激发幼儿继续参与游戏的兴趣。其他幼儿在该幼儿的分享中，学习自己可以借鉴的方法，用来改善游戏中的玩法，也无形中增强了该幼儿在其他幼儿心目中的位置，让不太合群的兴兴有机会融入集体中，多多地与大家一起进行交流合作的游戏，从而提高该幼儿的沟通交往能力。

七巧板转转转

区角活动接近尾声，然然拿着手中的两个大三角形板子转来转去，一会儿把长边对起来，组成一个大的正方形，一会儿把直角嵌入某一个角上，但不管用哪种办法图形总是不能填满七巧板。

希希收拾完了娃娃家的东西，径直走向了桌旁，抬头看了一眼然然，拿起然然旁边没有填充满的七巧板"哗啦"一下全都倒在了桌上，然后从篮子里拿出了一个大的三角形，把直角对着四个角中的一个直角嵌了进去，又拿了一个小的三角形放在大的三角形旁边，接着是正方形、三角形……最后剩下一个空，希希尝试了多次仍然没有成功。"哗啦"，希希又一次把所有的图形板倒在了桌子上，停了一下，扫了一眼旁边已经摆好的七巧板，拿起两个大的三角形板，直角边相对在一起放在了底板里。这时候旁边的盈盈也走了过来，拿起一个三角形板放在了最下面的直角上，希希拿一个正方形嵌在了中间，盈盈拿一个三角形板，希希拿一个平行四边形板……很快第一个七巧板拼好了。希希转身对然然说："我帮你吧。"希希拿过七巧板把然然先前摆的又"哗啦"一下全都倒在了桌子上。盈盈从篮子里拿了一个小三角形板嵌了一个角上，希希拿了两个大三角形板拼起来放在了底板里……盈盈嵌一块，希希放一块，很快两个小伙伴合作完成了第二个七巧板。

这时其他小伙伴收拾完东西都聚拢过来，悦嘉来了，晓月来了，晨曦也来了，大家手撑着桌子饶有兴趣地看着希希和盈盈操作图形，最后在希希和盈盈的整理下，所有的七巧板都拼好了，只是少了两块小三角形板，大家七手八脚地把木盘子装篮子里送回了玩具橱。

分析

1. 图形的变换与组合：在操作中可以看出，孩子们对于正方形、三角形有了初步的认知，如然然可以用两个等腰直角三角形拼出一个正方形，区分出角的大小，她每次都会把直角先嵌进一个角上。希希则可以通过目视组合拼摆，所以她每次的操作都是先把两个锐角拼出一个直角嵌进四个角中的其中一角。从盈盈的操作中我们可以看出她可以自如地区分角的大小，并进行灵活组合，所以她每次会先嵌一个中等的三角形，然后在希希放完正方形后灵活地嵌进一个三角形组合成直角梯形。从三个不同水平的孩子身上我们可以看出小班下学期的幼儿已可以通过旋转、嵌入等方法来实现图形之间的组合。

2. 观察学习能力：在三个人的操作中，然然的组合能力还需进一步练习，在她的旁边已经有了一个成型的七巧板，但是然然重复多次仍不能成功地组合图形时，却并没有注意仔细观察她左手边的完成图。希希的操作一开始也遇到了困难，但是在她瞟了一眼旁边的成形图后，可以快速实现转变：由原来的斜边相对组成一个正方形，改为直角边相对组成一个大三角形，并把组合的直角嵌进边角中的一个角。盈盈则可以通过嵌入、旋转实现图形之间的自由组合。

3. 社会性：一开始是然然自己操作，在希希主动加入进来时她欣然地接受，在操作出现困难后，她会把材料交给希希并安静地进行观察。其实在操作中期，希希就已经可以灵活地拼出七巧板了，但是在盈盈加入进来时，她会很开心地跟盈盈合作拼摆。

4. 兴趣和专注：从然然操作到最后大家把玩具放回玩具橱，大约用了 10 分钟，再加上然然之前的操作，至少也有 20 多分钟，在这段时间里然然一直在专注地进行拼摆，可见然然有意注意的时间还是不错的。在三个小伙伴操作的过程中，周围的小伙伴会饶有兴趣地过来围观、学习，并有跃跃欲试的想法，可见孩子们对图形之间的变换和组合还是很感兴趣的。

指导与跟进

1. 从孩子们的现有水平来解读，7 个图形拼出一个正方形，对于小班下学期的孩子来说还是有难度的，所以我会在区角中投放一些三角形，如 4 个三角形拼出一个正方形，8 个三角形拼出一个正方形，以支持幼儿对于图形建构的认识。

2. 在区角中我会让孩子们两三个人一起玩一个七巧板，以促进孩子们之间的互相学习。

蓝色的火车

在游戏区，哲哲拿着一辆蓝色的车头，后面放了一个车厢，感觉不够完美，抬头一看旁边的盒子里还有一个蓝色的车厢，于是伸手拿过来安在了自己的车上。"啊！一辆蓝色的火车!"哲哲开心地叫起来。旁边的玉玉却不同意了，"那个车厢是我们的"，说着就要伸手拿回来。哲哲不肯给她，把身子歪到旁边，小火车也放得远远的。玉玉伸手够了半天没够到，索性不理哲哲了，跟旁边的童童开心地玩起来。

分析

哲哲平时就是一个活泼好动的小男孩，每次游戏玩东西都有很强的主动性，在活动中很有自己的想法，当对自己的作品不满意时，会主动探索，寻求解决的方法。就像这次，他对手中的小汽车不够满意，于是想办法把汽车变成了火车，在这个过程中我们看到在哲哲的脑海中已有了先行的预设，所以他才会去拿玉玉的车厢。反观玉玉的行为，当发现哲哲拿了自己的车厢，先是主动表达"那个是我的"，发现拿不回来后索性不理哲哲了，跟旁边的童童玩了起来……玉玉的淡然和积极的思维方式，让我们看到了孩子在人际交往方面的积极情感：问题解决不了时，我们另辟蹊径，不会受消极情绪的困扰。

这时，我对旁边的朵朵说："朵朵，你去问问哲哲手中的蓝色车厢是谁的?"朵朵走过去说："哲哲，你这个车厢是谁的?"哲哲抬头看了一眼朵朵，默默地把车厢还给了玉玉。在孩子们来园初期，总是有各种各样的告状现象："老师，——不跟我玩了""老师，××拿了我的玩具""老师，××不跟我一起玩"……为了培养幼儿积极的社会情感，以及解决问题的能力，凡是来告状的幼儿，我都会让他们停止玩游戏，反思一分钟，然后让他们分别说一说"自己哪里做得不够好""接下来会怎么玩"。慢慢地，孩子们活动中的告状现象减少了很多，协商、合作玩游戏的现象开始出现。

"小药丸"的故事

　　小雨端来材料"小药丸"，发现上一位玩"小药丸"的小朋友没有整理好这套材料，"小药丸"散落在框子里。小雨先将散落的"药丸"收到"药丸收纳盒"里，然后拿过几个"药瓶"整齐摆放在桌子上，打开瓶盖，将"药丸"根据瓶子上的黑点个数和数字放入相应的数量，再把"药丸"从瓶子倒回收纳盒，整理好材料要收走。我说："小雨，给我玩一下吧。我想把全部'药丸'都放在一个瓶子里。"说着，我便把"药丸"全都倒在了写有"3"的药瓶里。小雨说："老师，这瓶子上的数是"3"，放3个'药丸'才行。"我"恍然大悟"说："原来是放3个药丸啊！"我在准备倒出"药丸"时"突然肚子疼"，赶紧对小雨说："我肚子疼得厉害，可以开点儿什么药吗？"小雨愣了两秒钟，转而眯着眼睛笑着说："可以可以。"他拿过装有"药丸"的3号瓶子说："给你开个治肚子疼的药，吃了你就不疼啦，不用担心。"说完倒出3粒"药丸"给我并嘱咐道："吃了药，焐上一个热水袋就好啦。"继而又问："你发烧了吗？"说着摸了一下我的额头，吃惊地说："好热呀，好热呀！老师，你发烧啦！"他安慰我道："没关系，没关系，我给你开药。"他拿起"药瓶"，歪头想了一会儿说：

"发烧要吃红色的。"说着取出了3粒红色"药丸"。我紧接着说："医生，我还流鼻涕呢。"小雨淡定地说："不用担心，我给你开3粒草莓味儿的药可以治感冒。"

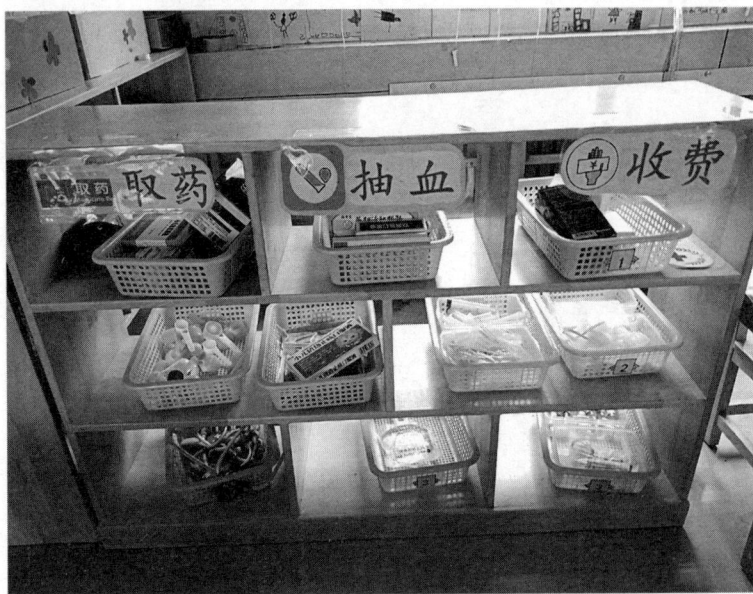

医院游戏区

分析

通过小雨熟练的动作，可以看得出他多次玩过这套材料，并且已经达到材料目标的要求，对于点数问题已经熟练掌握，通过他整理材料的情况，说明他是个遵守规则且不计较个人得失的孩子。教师的示弱立刻引发幼儿游戏的持续进行，也为教师后面的介入做好了铺垫，每个孩子心中都有一个小老师的影子，喜欢教导别人的兴趣又被点燃啦！当教师说肚子疼时，小雨愣了一下，对于突然出现的转折有些不适应，但两秒钟后立即投入游戏，老师的话让他有了角色感，之后又询问有没有发烧，他能够快速融入新游戏，且代入感强，说明他非常喜欢和认同自己的新身份，游戏也让我看到了孩子有丰富的生活经验，并巧妙地迁移到游戏中。

指导与跟进

1. 教师可适当地介入以推动游戏的进展。小班幼儿喜欢重复，但过于重复会引起厌倦，教师适时介入可以引发更为丰富的游戏，推动游戏发展，帮助幼儿获得新的体验。

2. 关注相关游戏的材料投放。教师的一句话可以引发幼儿的游戏，那么投放相关的游戏材料能引发更多的游戏情节，同时关注幼儿对新材料的使用情况，以便后期做好相应的调整和材料补充。

我看完了

阅读的时间到了，孩子们排队进入了绘本馆，每人选择好喜欢的书之后各自坐下来阅读。安然也不例外，他找了一本《小蚂蚁奇遇记》的绘本，但翻了几页，就去换了另一本，又是随意地翻了几页，又要准备去换了。我走过去说："安然，你应该再仔细地看看，不要急着还书。"安然撅着小嘴对我说："我都看完啦，要看下一本了。"说完又去换了一本，连续换了五六次以后终于不换了，而是和小朋友用书搭起了小桥。

温馨的绘本馆

分析

　　安然之所以会这样，可能只是因为老师有这样统一活动的要求，即为看书而看书。有时我们会要求幼儿在某个时间段去绘本馆看书，而幼儿自己当时没有这个意愿，只是为了完成老师的要求，因此看书时就草草地翻几下，然后告诉老师"我看完了"，这样既达不到看书的目的，久而久之，还会让幼儿形成做事情不专心的不良习惯。

　　教育专家认为"所有学习的基础都是从阅读开始的"，可见幼儿早期阅读的重要性。喜爱读书的孩子更爱动脑思考问题，做事情也会更加专注，对其他知识和技能的学习也会增强，所以从小培养孩子的阅读习惯的确非常重要。小班幼儿受年龄的局限，生活经历少，对画面上的内容不能完全理解，所以就会经常出现只关注图书上的图画，翻来翻去，看看热闹的现象。

指导与跟进

　　兴趣是最好的老师，在培养幼儿阅读习惯时也是如此，想让孩子爱上阅读、专注阅读，首先要培养孩子的阅读兴趣，让孩子喜欢上看书。图书的挑选非常重要，绘本馆里的书，教师要事先帮幼儿选择好，就是要根据幼儿的兴趣和所处的年龄段，挑选契合幼儿生活的绘本，文字应朗朗上口、简单易懂，而不是各个年龄段的书都堆放在绘本馆里，让幼儿毫无目的地选择图书。适宜的阅读环境有助于幼儿接受阅读，也才有可能、有兴趣坚持去看图书。

　　1. 在帮助孩子培养阅读习惯时，要注意发挥"同伴老师"的作用，选择他们感兴趣的图书，并且陪同他们一起阅读，这样幼儿遇到看不懂的可以随时问，就不会因为看不懂而没有耐心，也不会为了看书而看书。同时也可以借助同伴的阅读经验，相互帮助理解图书的内容，享受阅读的快乐。

　　2. 当孩子看完一个故事时，要鼓励孩子把故事复述出来。讲述的过程中，教师要注意孩子讲述语言的流畅程度，以及是否完整地讲述了故事的内容。"为什么有的小朋友能讲出完整的故事，而有的小朋友却只能讲出一点点的故事内容呢?"应该针对孩子讲述过程中的表现，有针对性地引导幼儿对问题自由讨论，各抒己见，再结合讲述过程中出现的问题帮助幼儿分析原因，给出符合个体特色的阅读建议。比如，看书要专注，不可三心二意，还要仔细观察图书上的图画。再比如，读书时应该要确保阅读的完整性，即要把书看完整，一本书的每个情节、每个描述都是环环相扣的，少了哪一页都不能讲出一个完整的、好听的故事来。经过"阅读——复述——反思"过程，培养幼儿养成良好的阅读习惯和认真、专注的阅读态度，而不再是走马观花的应付式读书。

另外，在幼儿讲述的过程中，教师要注意适时鼓励、表扬和引导，让孩子在讲述的过程中感到兴奋和自豪，由此产生阅读更多书的强烈愿望，激发他们认真、专注看书的持续动力。

3. 将故事表演出来。要让一个人喜欢阅读，必须让他体会到阅读的乐趣。对孩子来说，培养阅读兴趣的方法，必须结合他们年龄段的特点，对幼龄儿童来说，角色扮演式游戏往往是他们最乐于接受的活动。例如在幼儿熟悉《小兔乖乖》的故事后，教师可组织幼儿分配角色，共同扮演故事中的角色，学说角色的对话，将故事情节通过孩子们的表演实现情景再现。这样重温读书内容的方法，会让孩子们更进一步地理解图书的内容，大大激发幼儿继续阅读图书的兴趣和愿望，从而慢慢地爱上阅读。

阅读不仅仅是视觉的，也可以是听觉的、表演的，在教育过程中，我们要注意采用多种阅读形式，比如参加读书会、听电子书等，促进幼儿爱上阅读，培养持续、专注地阅读的良好行为习惯，为以后的学习奠定良好的基础。

跑来跑去的佳佳

课前准备音乐响起，集体活动马上就要开始了，孩子们很快就回到了各自的座位上，只有佳佳还在游戏角，沉浸在"娃娃家"里，没有离开的意思。我走过去轻轻地说："娃娃该睡觉了，我们该学本领了。"佳佳赶紧放下娃娃，跑到自己的位置上。活动进行到一半，我发现佳佳又开始坐不住了，一会儿和边上的小朋友说话，一会儿站起来去拿益智区的玩具，一会儿又蹲在地上。其他小朋友看了，七嘴八舌地说："老师，佳佳跑了""佳佳不坐好""佳佳拿玩具了"……小朋友接连告状，我无法装作无视了，于是把佳佳拉过来坐下了，但是还没等我说几句，佳佳又跑了。大家又开始你一句我一句地说了起来，我再次去叫佳佳的时候她竟然哭了起来，边哭边喊："我不要上学，我要回家！"

分析

佳佳是个性格有点内向的孩子，和其他幼儿交流得少，经常自己待在角落里，集体活动或者区域活动时，通常坐 10 分钟就会跑掉，要是叫她过来就会哭，哭到活动没法继续。由于入园时间不长，再加上她的性格有点内向，怕过多的管束和束缚会令佳佳产生不安全感，所以一直没有给她过多的约束，可能这样给整个班级的小朋友造成了一个错觉：集体活动时可以随便走，慢慢地，时间久了，大家都习惯了这样，佳佳也做事随意、不专心。我在思考，出现这样的情况并不是佳佳本身坐不住，可能有几方面因素：一是从家庭到幼儿园，她还没有很好地转换角色；二是教师的宽容使她产生错觉，没有觉得自己这种行为的不妥；三是老师没找到有效的让她坐下来安静倾听、专注做事的方法，佳佳没有在活动中找到乐趣和持久参与游戏的动力。

指导和跟进

在 3~6 岁就是思想"天马行空"、行为"肆意妄为"的年纪，幼儿在幼儿园里不遵守规则的状况时有发生，这是正常现象，因为此时的幼儿正处于一个对世界认识和探索的阶段，对许多事情都充满好奇，同时自我约束能力又十分有限。但是，我们也应该清楚地认识到，教师要采取适当的方式进行约束，命令式的语气对佳佳来说不仅没有一点效果，而且还会使她产生对老师的不信任感及强烈的不安全感，影响她愉快的园内生活。所以，她会用哭的方式来"威胁"老师，表示自己的反抗。同时，我们还要意识到：在给孩子"立规矩"时，一定要适合孩子；如果发生危险情况，教师必须立即介入，防止意外事件的发生。

规则，也是在告诉孩子正确的做法。习惯的培养，是一种规则建立的过程。儿童教育专家孙瑞雪说过："规则可以使孩子拥有心理的力量，使孩子拥有安全感，使孩子有序地和环境及他人相处。"规则意识，会让孩子受益终生。

老师与孩子之间可以尝试换种互动方式来沟通，让佳佳对活动产生兴趣，使她感受到其中的乐趣。如在活动中，我利用活动中的情节和佳佳进行互动，拉一拉佳佳的小手，让佳佳参与到活动中，这样可以让佳佳感觉到老师对她的关注。同时，注意观察孩子的兴趣点，适当调整区域游戏材料，先从她喜欢和感兴趣的开始，慢慢引导、培养她参与游戏活动的积极性。在积极参与游戏活动的过程中，慢慢培养她的规则意识和专心专注的良好学习品质。

建构区里的故事

建构游戏是孩子们特别感兴趣的，今天有 5 个孩子参与到建构区游戏中。昊昊是我们班年龄最小的，我们对他的要求也稍微放松了些，不过他搭的积木还是很形象的。他把大小不同的积木平铺在一起，说是宽宽的马路，我引导他，在马路边上还有房子呢？他就把积木竖着插在"马路"边上，高兴地对我说："老师，房子搭好了！"可见他将平时的生活经验较好地迁移到了建构游戏中。

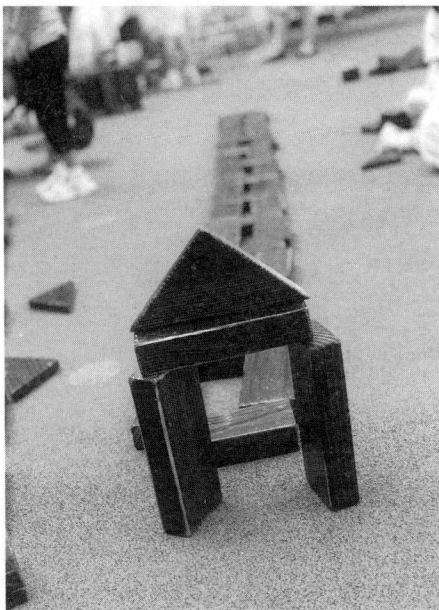

有趣的积木

小明在我们班也属于年龄偏小的孩子，不过还是挺聪明的。他一开始搭的是电风扇，他说："天很热的时候，可以扇一扇。"我问他这个电风扇还像什么，怎么样会更好看呢？他转了转头看到了别的小朋友搭的小汽车便说："我搭个停车场，这是停车场的电风扇。"很有创意。

小冉是个很有灵气的小女孩。她一开始就用积木搭了两条长长窄窄的形状，我以为是马路，然而她说这是火车。小冉还在"火车头"的位置插了两根长的积木，说："这里就是火车头！"还在火车边上搭了一些"土地"，土地上还搭了一个"摩天轮"，很开心地说："老师你看，这个我在电视里看过的！"还用手转动着上边的座位，真棒！

洋洋一开始也搭了电风扇，但是他的电风扇是一整排的，他说："我这个是连排的电风扇，很凉快的！"他还做了个小盒子，说："这个小盒子里可以装很多好吃的东西呢。"他还在盒子上装了个电风扇，说是要给盒子也扇一扇风。

萱萱是个特别乖巧的女孩子，只见她拿出椭圆形的、长方形的、长短不一的积木、奶盒、易拉罐进行她的搭建活动。她摆好了一层，接着又开始摆第二层，噢，原来她在搭建高楼。眼看着楼越来越高，旁边的孩子忍不住发出惊叹："好棒啊！"萱萱笑了笑，继续搭建。突然，不知道哪里出了问题，高楼倒塌了，其他孩子纷纷喊起来："太可惜了，倒了，都倒了。"萱萱嘴角一撇，掉起泪来。这时，我并没有急着帮忙代筑，而是与孩子们一起查找楼歪倒的原因，有的孩子说是因为支架不稳，有的说是每层楼的楼板不结实，还有的说最下面的四根支柱应该用粗的，到上面再用细点的……我鼓励孩子们反复实践和琢磨。在我的耐心指导和积极鼓励下，孩子们终于找到了原因。这次，萱萱重新搭建起来，孩子们围着她一起出主意、递材料，下面的支柱他们用粗的，而且多加了支柱，以上每层适当减少；楼板选取平整的、容易固定的，这样，加固了楼的承受力，楼越来越高，而且不易倒塌了，在欢呼雀跃中，孩子们收获了成功的喜悦。

分析

情感支持是实现良好师幼互动的基础。教师的支持不仅是物质上的，更重要的是情感上的。在上述游戏中，教师给幼儿更多的是耐心。当幼儿遇到挫折自我怀疑、伤心、沮丧时，教师应该给幼儿更多的鼓励和信心，鼓励的话语和眼神会让他们更有勇气去克服困难，获得成功。同时，教师以观察者、合作者、支持者、鼓励者的身份，适时适当地介入指导，可提高幼儿的建构技能和游戏水平，激发幼儿持续参与游戏的兴趣以及增强克服困难的信心。

指导与跟进

孩子们对见过的、体验过的、喜欢的事物印象特别深刻，而且也愿意用搭积木的方式把它们表现出来，也表现得很好。在以后的活动中，可以让孩子们之间有更进一步的交流，提供日常生活中的照片以及通过家园联合，指导家长带孩子观察生活中的现象，从而将丰富的生活经验迁移到游戏中。

教师适时地介入并鼓励、引导孩子不断探索和思考，能提高幼儿独立建构的能力。由此可见：教师在幼儿活动中起主导作用，如果主导得好，对幼儿的活动是起着推动、促进作用的；如果主导得不好，则会是一种无效教育，甚至是反效教育。在幼儿园建构区的活动中，教师应该如何指导幼儿呢？我认为，教师在幼儿游戏过程中应充当合作者、引导者、支持者。

七彩捏塑的故事

激发幼儿兴趣，尝试自由探索

小班孩子特别喜欢玩橡皮泥。五颜六色的彩泥，总是能够吸引孩子们的目光。每次区域活动中，只要开设美工区，橡皮泥总是孩子们的首选。他们拿着橡皮泥捏来捏去，喜欢却又无从下手。小班幼儿喜欢捏橡皮泥，但是没有捏橡皮泥的技巧，所以总是捏不出自己满意的作品。这次开展橡皮泥游戏，我提示道："我要一个小饼干，谁来给我做一个小饼干？"孩子们纷纷伸出小手跟我要太空泥，表示自己会捏小饼干。不一会儿，孩子们捏出了形状各异的小饼干。启辰说："老师，你给我做一个小麻花好不好？"听到启辰这样说，其他小朋友也纷纷提出要求："老师给我做一个棒棒糖吧。""老师，我想吃小蒸包，可以做个小蒸包吗？""我想吃饺子，做一个小饺子吧，老师。"孩子们七嘴八舌地说着，我将太空泥一会儿搓长、对折，拧来拧去拧成麻花；一会儿团成圆圆的，做成棒棒糖；一会儿压扁包成小蒸包。太空泥像变魔术似的，在我的手中变出了各种各样的造型。孩子们兴奋起来，纷纷揉搓起自己手里的太空泥。不一会儿，文文便举着完成品，对我说："老师，看我的大苹果。"启辰说："老师，看我做的大蛋糕。"孩子们快乐地玩起了太空泥。

提高幼儿的捏塑技能

有位家长从家里带来了很多模具，说："这是以前买的，买了后孩子不太喜欢玩。听到孩子这几天总念叨在幼儿园里玩太空泥，所以带模具来幼儿园请小朋友们一起玩。"孩子们看到模具不亦乐乎。简单、有趣、易掌握的模具让孩子们做出了很多满意的作品。当孩子们掌握了使用模具的方法后，太空泥对他们好像也失去了吸引力。有的小朋友拿太空泥切来切去，有的小朋友直接把太空泥粘在自己的手上。孩子们最初的兴奋点已经随着时间的推移慢慢变淡了。当孩子们掌握了简单的揉捏技能后，他们期待着新的挑战。我想应该创设一些情境来继续提高幼儿捏塑泥的技能。

于是，我带着孩子们来到户外寻找墙边墙角的小蜗牛，引导他们仔细观察小蜗牛的样子。他们一边观察一边讨论，东东说："蜗牛壳是卷卷的，下面有它的身体。"佳佳说："蜗牛的头顶上有触角。"观察完小蜗牛，我带着孩子们讨论："怎样才能制作出可爱的小蜗牛呢？"文泽说："我们可以把太空泥搓成长长的形状，然后卷起来就是蜗牛壳啦。"按照孩子们说的方法，我操作着手中的太空泥，很快，一个可爱的小蜗牛就做好啦！孩子们看到可爱的小蜗牛，来了兴趣，纷纷开始尝试做小蜗牛。在之后的日子里，我又给孩子们提供了教具小兔子和碗等，于是孩子们在掌握基本技能的基础上，利用简单的材料加以装饰，制造出新的造型。

围绕主题活动，支持幼儿创造性的表达

近段时间，美工区特别有吸引力，真正的原因还是被太空泥所吸引。每次区域活动，孩子们总是乐此不疲地制作出各种各样的太空泥造型，虽然不美观，但是孩子们兴致盎然。达达在认真地操作着太空泥，不一会儿就团成了一个圆球，他将圆球插在了吸管上，然后高兴地举起来对一旁的小朋友说："看，这是我做的棒棒糖。"旁边的成成看了很喜欢，马上模仿着做了起来。

活动后，两人将自己的棒棒糖摆放在了窗台上。许多小朋友都围在窗前议论今天出现在窗台上的两个棒棒糖。我想，棒棒糖是孩子们最喜欢的零食之一，由于它颜色鲜艳，贴近幼儿的生活，很符合小班幼儿的兴趣，可以成为很好的捏泥素材，利用棒棒糖多种多样的外观形状，可以激发幼儿丰富的想象，进行创意制作。经过之前一段时间的学习，我班幼儿积累了一些基本的捏塑泥的技能和经验，正好可以利用棒棒糖这个专题使幼儿在原有水平上进行创意发挥。我在网上找到了各种各样的棒棒糖图片供幼儿欣赏，孩子们也带来了他们收集的棒棒糖。成成说："我带的是星星棒棒糖。"叮当说："我带的是草莓棒棒糖。"奇瑞说："我带的是山楂饼棒棒卷儿"……

孩子们的泥塑作品

看到孩子们对棒棒糖如此感兴趣，我开始引导幼儿观察棒棒糖的外形特点，并利用棒棒糖的外形特征给他们命名：饼干棒棒糖、蜗牛棒棒糖、冰块棒棒糖……通过命名，孩子们能细致地观察并真正地抓住棒棒糖的主要特征。我跟孩子开始讨论用什么样的方法来制作自己喜欢的棒棒糖。程程说："我要把太空泥搓成长条，然后卷起来做成像小蜗牛一样的棒棒糖。"轩轩说："我要做香蕉棒棒糖，把太空泥搓得长一点就可以了。"小珍说："我要做花卷棒棒糖，把太空泥搓成长条，压扁，再卷起来就是花卷儿棒棒糖。"孩子们边说边迫不及待地操作了起来，我给孩子们提供了一些辅助性的材料，如吸管、小棒、毛条等，孩子们在做完后将作品放在窗台上，不时地去欣赏自己的作品。我还为孩子们提供了很多图片资料，在随后的活动中，许多孩子已经能够利用已有经验创造出自己的小作品，如小蚂蚁、汉堡包、乌龟、草莓、胡萝卜……真是琳琅满目。

分析

泥塑是我国传统的民间艺术，泥塑活动是幼儿艺术教育中的一个重要内容，让幼儿从小接触泥塑活动，既可以促进幼儿观察力、想象力、创造力的发挥，又可以促进幼儿的身心健康发展。通过几次活动发现，孩子们的捏泥技能越来越高，越来越细致，兴趣越来越浓厚。通过这次活动可以看出，幼儿对事物的创作表现不仅局限于教师的示范，而且要他们通过自己的观察、感知和理解后表现出属于自己的东西，当孩子们掌握了基本的技能后，需要教师及时给予引领，让孩子在原有基础上得以提高，这才是最真实的、真正属于幼儿自己的技能。

指导与跟进

通过开展此次活动，我深切地感受到，兴趣是孩子最好的老师。兴趣是幼儿参与游戏的内在动力。感兴趣了，他就会专注地进行探究，而且对于那些能够给他们带来快感和成功的活动总是乐此不疲，并能够表现出非同凡响的专注力和创造力。教师应该掌握幼儿的年龄特点，敏锐地抓住他们的兴趣点，根据孩子的自身需求，引导他们掌握开展活动必要的技能、技巧，并在此基础上激发幼儿创造性的表达，专门设置专题活动，充分挖掘出教育价值和孩子的潜能，这样才能有效地促进幼儿在原有基础上得到发展和提高。

教师可以搜寻一些泥塑的造型和图片投放在美工区，供幼儿欣赏和借鉴，孩子们边欣赏边讨论，同时学习、积累更多的造型。孩子的泥塑作品是对自然与生活的展示，也可以请家长带孩子走进自然，观察生活。还可以在家中开展泥塑活动，家园配合，帮助幼儿掌握更多的泥塑技能，增强他们对泥塑活动的兴趣，推进游戏的持续开展。

我们的房子

区域活动开始了，小雨飞奔到放积木的玩具筐前，迅速抱起三块长短不一的长方体积木，放到地上，紧接着跪了下来，侧身歪着头将一块中等大小的积木侧放在地上，并把另外两块紧靠两头垂直接在这块积木两头。墨墨说："小雨，你在干什么？""我在盖房子，你要不要来啊？"墨墨爽快地回应："好啊，我们要合作。""这样，你去拿积木。"墨墨说，"我们要一起搭。"小雨不情愿地说："那好吧，不过你不能捣乱。"这样，小雨和墨墨不断从箱子里取出长短不一的长方体积木，将平行的两边不断接长。当搭到栅栏边上时，小雨通过反复试验，最终用一个中等大小的积木侧立在地上围合成一个闭合的长方形形状。小雨跳到围合的长方形里，对业业喊道："快看，我的新家。"这时业业正在将手中较长的积木放到已搭好的"房子"上。小雨转动双眼，兴奋地拍拍手："咦，有了。"他朝墨墨招手："墨墨，你过来。""我们搭个飞机场怎么样？""怎么搭呀？""你去拿积木。"墨墨若有所思地想了下："那好吧！"接下来小雨跪在地上，不断转身从墨墨手中接过长条状积木，一块紧挨一块地整齐覆盖在原有的积木上。完成了，墨墨小心翼翼地抬脚踩上去，小雨大喊："喂，你小心一点，它会倒掉的！"墨墨瞥了他一眼，小心地将一只脚踏上，又将另一只脚也放上，慢慢挪动脚步。见墨墨可以平稳行走，小雨也抬脚小心翼翼地走上去，朝旁边的孩子说："你看，我搭建的桥。"这时一群小朋友聚集过来，依次在搭好的积木上来回行走。孩子们一会儿说"小心点，下面有鳄鱼"，一会儿说"火车要进站了"。当小雨行走在积木上时，表情紧张，当他跳到地上时，立刻欢呼雀跃，脸上洋溢着灿烂的笑容。

分析

1. 小雨根据兴趣进行搭建，从开始的搭建新家，到后来的建飞机场、建造桥，整个过程中他始终专注于自己的作品，并不断创新，勇于挑战，坚持不懈的意志力得到了很好的锻炼，并且妥善处理与新加入同伴的关系，如要求墨墨加入游戏时不能捣乱、踩在桥上时要轻点儿、不能碰倒等，可以看出他有较强的处理、协调游戏中同伴关系的能力。当他行走在"桥"上时，表情紧张，跳到地上时则立刻欢呼雀跃，脸上洋溢着灿烂的笑容，勇敢地为自己的成果而喝彩，说明他具有自尊、自信、自主的优点。

2. 小雨能很好地通过想象和再加工，创造性地反映周围的生活。从开始的搭建新家，到建飞机场、建桥，都是幼儿细致观察周围生活并迁移到自己的游戏活动中的具体表现。小雨还能关注到积木属性（大小、形状），通过架空、围合、延长等技能进行搭建，具有较好的建构技能。他能在游戏中为自己的作品不断进行命名，可以看出他能根据事物特征及已有经验，进行想象和联想，有较好的想象力和概括能力。

3. 幼儿之间的交往交流相比于师幼之间更加毫无拘束与自然，这是因为他们之间是平等关系。幼儿间交流所用的语言是彼此最能理解的语言，他们之间交往达到的效果是教师直接指导所不能达到的。当同伴之间的交往作用是积极性的时候，就会推进幼儿建构技能的发展；反之，则不会推进或阻碍幼儿建构技能的发展。小雨在搭建过程中能够主动去安排其他幼儿的角色，及时处理同伴之间出现的不良行为，如嘱咐想参与游戏的墨墨不能捣乱，提醒同伴过桥要小心点，说明他具有良好的处理游戏中同伴关系的能力，能够调动已有的生活经验来解决问题。当墨墨踩在积木上时，小雨强烈地反对，并预见事物的因果关系，说明他有认识因果关系和较强的逻辑思维的能力。

指导与跟进

小班幼儿的建构能力有限，虽然需要教师在建构活动中传授，但是也可以很好地利用同伴间的互相帮助提高幼儿的建构技能。教师在平日的建构游戏指导中要鼓励建构技能比较强的幼儿在游戏中带动同伴，在游戏中帮助能力稍弱的幼儿进步，使小朋友体验到帮助别人和取得进步的快乐，活动后及时分享和鼓励幼儿，对他们的作品予以保存，粘贴在建构区，吸引更多幼儿进行合作搭建和模仿。帮助建构技能稍弱的幼儿建立自信心，促进幼儿彼此之间的共同提高。幼儿经验的积累途径：参观中大班哥哥姐姐们搭建的房子和他们的建构角的作品；家园互动，指导家长带领孩子参观一些常见的房屋建筑，如公园、游乐场，以多种方式不断开拓幼儿的眼界。同时鼓励幼儿将建构作品用图画的形式进行表现，以引导其建构水平向更高层次发展。

车子的秘密

这段时间，独轮车、三轮车成了孩子们户外活动的首选。这天是小（一）班在车类游戏区活动的时间，户外活动音乐刚响起，孩子们就纷纷选择了自己喜欢的车子玩起了障碍赛。子豪毫不犹豫地推骑着独轮车向油桶障碍处冲去。小玉则不慌不忙地骑上了三轮车优哉游哉地向前驶。"我们来个比赛好不好？"小玉主动向子豪发出了挑战。"可以。怎么比？"子豪有些疑惑。"谁先绕过那些油桶把玩具拿回来谁就赢了！"小玉指了指远处的障碍。"没问题！肯定是我快，我跑得可快了！"子豪得意地昂起了头。"不一定哦，我一直骑车的，我骑得飞快！"小玉也不禁自夸道。

准备出发了！子豪双手紧握独轮车把手，上半身前倾向障碍处前行。快到障碍处了，会是谁先返程呢？哇，子豪果然最先到达障碍处。咦，怎么回事？就在他绕过油桶的刹那间，独轮车一个倾斜，车子里的玩具掉在了地上。眼看小玉已经轻松绕过障碍往回骑了，子豪忙喊停："不行不行！车子有问题。摇来摇去的根本跑不起来，不比了不比了！"小玉只好下了车："哪里有问题呀？不是好好的吗？"他摸了摸独轮车的把手。"你看它摇来晃去的怎么跟你比赛啊！"子豪心中一股怨气，狠狠地用手摇了摇车子，说："你的车子多好啊，能自己站着。你看我的车，不扶着它就倒了！"他一松手，独轮车就倒在了地上。"还真是。怎么不能站起来呢？"小玉好奇地蹲下身子研究着，他看看独轮车，又扭头瞧了瞧自己的车子，恍然大悟道："我知道为什么了，你看你的车子只有一个轮子，我的有1、2、3……三个轮子。一只脚怎么站得稳呢？三只脚才稳稳的！"正当小玉说得头头是道时，子豪扶起了独轮车，说："看来我绕过障碍物的时候要慢慢地，低下来一点，这样就不会倒了！"他一边说一边绕过了障碍物。"它可以自己站着的，你看，这里还有两个脚！"子豪叫了一声，指了指独轮车把手下面的两条"塑料腿"。

分析

子豪和小玉选择不同的交通工具进行运玩具比赛，以速度定胜负。可是擅长跑步的子豪却在油桶障碍前丢失了自信，赌气摔车，引发了两人的自主探究。小玉在观察对比中发现了两辆车轮子数量的差异，同时做出了"稳定性"的评估报告——三个轮子的车子站得稳，一个轮子的车子不能站立。子豪也耐住性子重新尝试以独轮车绕过障碍物，总结出慢一点、低一点的动作要领，最后两人更是找到了独轮车的两条腿让其站了起来。

指导与跟进

皮亚杰曾经说过："孩子是在外界的交互作用中不断学习与收获的。"游戏是幼儿的重要生活形式，正是在一次次游戏中不断尝试、不断探究，幼儿才能建构属于自己的经验体系。正如此次的轮子探究活动，幼儿从障碍赛起步，在挫折中探究、寻求出路，幼儿在探究过程中体现了最宝贵的学习品质，即在一次次失败中并没有放弃，而是坚持、专注地不断反思、调整自己的方法，以保证比赛的继续。在游戏过程中，教师作为一名支持者，应给予幼儿尝试的空间与探究的可能，使幼儿将专注的学习品质延续下去。

好玩的轮胎

利用周末时间，我们给原本黑色、灰色的轮胎穿上了"新衣"，变成了五颜六色的新玩具。轮胎的美丽"变身"，很快吸引了孩子们的目光，他们对这个变漂亮了的轮胎产生了很大的兴趣。

户外活动开始了，大家都开心地玩着轮胎。这时，小辉大声喊起来："老师，老师，我要搭一个高高的房子，像我们幼儿园的楼一样。"然后，他就找了一片空地开始安静地搭建。可是在往上摞轮胎的时候，难题出现了，轮胎太重了，小辉自己搬不动。他向我寻求帮助说："老师，我搬不动这个轮胎。你可以帮我把它搬上去吗？"我说："那我试一下。"我弯下腰作势去搬轮胎:"哎呀,不行,这个轮胎太重了,我也搬不动。"小辉说:"那咱俩一起搬吧!"于是我们俩一人抓住一边,但是我并没有用力,所以轮胎根本搬不起来。他有点失望,耷拉着小脑袋不说话。就这样他想了一会儿,忽然对我说:"我可以找别人来帮忙啊!"于是小辉大声地叫:"谁来帮帮我,谁来帮帮我!"小明听到小辉的叫声跑过来问:"怎么了?""我想把轮胎搬到上面去,你来帮帮我吧?"两个小朋友费力地拖着轮胎的样子,吸引了其他几个孩子,然后他们也加入了搬轮胎的队伍。

终于4四层高的房子在孩子们的一起努力下建成了,小辉为了感谢小朋友们的帮助邀请他们去"房子"里做客。

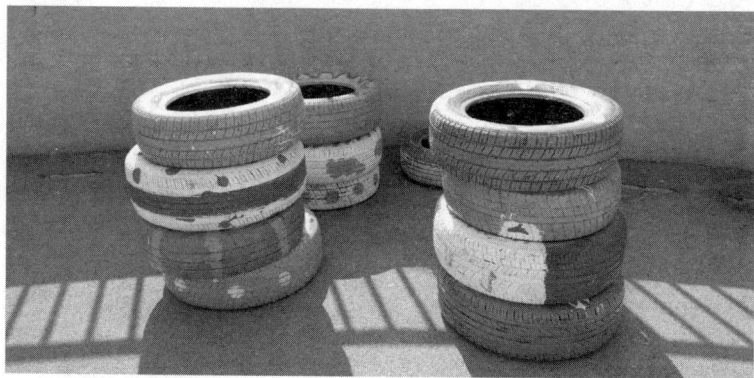

四层轮胎

分析

小班幼儿认知能力、人际交往能力都处于发展的初级阶段。在这个年龄阶段,他们开始尝试与人交往,但行为带有极大的随意性、情感冲动性和兴趣性。小辉在平时的活动中遇到问题或者挫折就会发脾气,或者直接放弃不做了,这次他的表现让我很惊喜,虽然遇到困难,但他依然兴趣高涨地寻求同伴的帮助。小辉在遇到困难时，能够主动寻求帮助，说明这个玩具对他有足够的吸引力，他很感兴趣。而且孩子们在一起搬运的过程中有说有笑，从中感受到了同伴互助的乐趣，也体会到了团结的力量。

指导与跟进

　　颜色鲜艳的轮胎为孩子们的游戏增添了无限乐趣，也激发了他们持续参与游戏的兴趣。通过这次游戏，我发现孩子们对于这套玩具非常喜欢，所以能够一直持续地进行游戏。后期教师可以投放和利用各种材料与它进行组合来辅助游戏的开展，在玩的过程中，幼儿解决问题的能力、合作能力，以及创造力都得到了发展。

小小轮胎滚起来

　　自从轮胎变成彩色后，孩子们玩轮胎的兴趣越发浓厚。一到户外活动，就三三两两地滚轮胎玩。有了多次滚轮胎的经验之后，孩子们再一次滚轮胎就有了一些方法，尤其是刚刚小朋友找到了滚轮胎的诀窍后，将轮胎滚得飞快，引起了大家的争相模仿。就在大家都兴致勃勃地比赛谁滚的轮胎快时，一个小意外发生了，明明由于着急，用力不当，自己把自己绊倒，摔倒在了地上。这时候我以为他会跑过来向我哭诉，但是明明只是看了我一眼，就自己一下子爬了起来，都没理会旁边小朋友想拉他的小手，然后就继续滚起轮胎来。我问他："摔倒了疼不疼啊？"他说："没关系，我要把握好方向，等轮胎慢慢转起来再加快速度。"听到这个回答之后，我就站到一边继续观察他。

　　这次明明先掌握好轮胎方向，慢慢发动起来，再加速滚动，轮胎滚得越来越稳，也越来越快了。随着玩轮胎次数的增加，孩子们也不仅限于滚动轮胎，还发现了很多其他的玩法，比如把轮胎一个接一个摆起来，轮流从轮胎身上跳过去；把轮胎竖起来做山洞，从洞中钻过去；把轮胎当方向盘开汽车；把轮胎放在地上当船划……一个小小的轮胎在大人们眼中是废品，可是到了孩子们的手里却成了最有趣的玩具。

分析

　　模仿会让幼儿的原有经验得到补充，而材料是否有吸引力是幼儿游戏的关键。明明摔倒后，我以为他会像平时一样直接发脾气不玩了，但是他没有，兴致依然很高涨，说明这件事情对他有足够的吸引力，他对这个活动感兴趣，能从中获得快乐。而且在摔倒之后，他能根据先前的教训及时做出调整，可以看出明明的思维也很活跃。

指导与跟进

　　1. 轮胎变成了孩子们喜爱的户外活动体育器械，不仅锻炼了孩子们的身体协调能力，还锻炼了他们的想象力和创造力。教师应在保证游戏安全的基础上，让孩子们自由想象，自由探索，从中获得游戏的乐趣，体验游戏的乐趣。

　　2. 在故事中当看到明明摔倒之后我就很担心，忍不住想帮助他，以免发生意外。但是我发现孩子与我想的截然相反，他们不在乎这种"小事"。我们要包容幼儿看似不合理的、不合适的行为，保护他们在游戏中的"试错"行为，多倾听、多了解孩子的想法，才能帮助他们玩得更好。

莹莹的 "药店"

户外游戏要开始了，教师将玩沙器具摆放在沙池的四周，以方便幼儿取放。这些器具有工具类的（铲子、小桶、过滤机器、小筛子、水壶等）、运输类的（小车等）及其他类的（小贝壳、小黄鸭子、锅等）。活动开始后，孩子们迫不及待地穿好防护衣物进入到沙池中，每个孩子都根据自己的想法和需要自主选择了心仪的玩沙工具。莹莹、琪琪、萱萱拿着不同的工具，分别是锅、铲子、小桶，莹莹说："我们一起玩吧！"琪琪说："好，我们一起玩吧。"琪琪用铲子挖了一铲沙子要放进莹莹的锅里，莹莹摇了摇头把锅拿远了，琪琪就把沙子放进了萱萱的小桶里。莹莹往锅里放了沙子后说："让它当药药。"萱萱也铲了一铲子沙要放进锅里："我也把它放进去。"莹莹说："它不是药。"之后，她们之间就没有了交流，莹莹开始自己玩。琪琪和萱萱两个人一起往小桶里盛沙子，并用小手把多余的沙子弄掉。萱萱把小桶拿了起来想找个地方把小桶扣过来，琪琪把手翻过来压着桶口不让沙掉下来了，萱萱把小桶扣在了琪琪拍的地方并说道："拍一拍。"说着小手就开始拍打小桶，琪琪用铲子也加入了拍打的行列。这时萱萱说："我的。"琪琪没有说话开始自己玩沙子。莹莹抬头看了萱萱一眼继续用铲子铲沙子，不一会儿莹莹的锅里盛满了沙子，她开始铲一下抬头四处看一会儿。琪琪则拿着铲子做重复运动，把铲子来回地插进沙子里，可能琪琪铲沙子时碰到了萱萱堆的沙子，萱萱说："你干吗？"背转过身去继续进行之前的游戏。莹莹看到老师，就主动和老师打招呼，她说："这是药。"老师问："你有什么药？"莹莹说："感冒药。"说完她就低头又开始挖了起来。这时琪琪说："掉下来了吗？"萱萱回应说：

"怎么会掉下来。"而莹莹则没有回应，一直低着头在挖沙子。老师说："我想要买药，你用什么给我？"莹莹抬头看了看没有回应，继续玩自己的。萱萱和琪琪两人用小桶做城堡，压一压、拍一拍玩得很开心。莹莹挖了一会儿说："我的药店挖好了。"老师问："小汽车怎么去药店呢？"莹莹挖了挖说："我的马路挖好了。""欢迎你到我的药店来！"莹莹马上跟萱萱和琪琪说："这是我的马路，往前走就到这了（药店）。"但是萱萱和琪琪还是自己玩自己的，并没有回应。户外活动时间到了，孩子们把各种玩具倒过来反复敲打，努力把沙子从工具中弄出来。老师问撒到地上的沙子怎么办呢？萱萱说："要用笤帚扫起来。"于是，老师拿来笤帚，和孩子们一起把沙子堆起来放到沙池清理干净，工具归位后回到教室。

分析

陶行知说过："教育不能创造什么，但它能启发儿童创造力以及从事于创造什么。"小班幼儿对周围事物充满浓厚的兴趣。沙子可以带给幼儿更多与自然接触的机会，在玩沙的过程中感受沙子的流动性和可塑性。活动过程中孩子们能够在教师的提醒下有规则、有秩序地取放材料，运用各种辅助材料开展活动。游戏中幼儿会积极参与、专注地做着一件事情，各种玩沙工具的运用很好地锻炼了幼儿小肌肉动作的发展。在游戏过程中教师应当适时介入，用一句话、一个动作增进幼儿与同伴间的交流与合作。通过材料的投放促使幼儿角色游戏，如莹莹投入到自己的药店中。幼儿是一个独立的个体，有自己的选择和想法。他们的想法随时随地会发生变化，如三个孩子刚开始时约好一起玩耍，当别人与自己的想法发生冲突时，立即开始了独立游戏。当幼儿开始玩自己的游戏正开心时，有别的小朋友加入时他会产生排斥，觉得这是自己的不要别人加入，如萱萱说"这是我的"。幼儿的经验来源于日常生活，莹莹通过日常的观察，发现颗粒状的沙子无论从形状、颜色都很像自己吃过的感冒药，于是角色游戏自然而然的发生，也就是将已有的生活经验迁移到了游戏中。

莹莹一直沉浸在自己的角色中，从做药到开药店。针对游戏中出现的"没有路去药店买药"的问题，教师及时介入引导莹莹发现问题并进行适当的追问，于是，莹莹调整目标为：药—药店—马路。整个过程中，莹莹一直沉浸在自己的游戏情境中，说明她有较好的目标意识和坚持的品质。在教师的引导下幼儿能根据已有经验进一步拓展游戏，挖一条能够让人行走、开车通往药店的路。

对于萱萱和琪琪来说，虽然他们的游戏中没有明确的目的，但是能够与同伴进行合作、交流。琪琪负责铲沙子、萱萱负责压沙子，并且倒扣过来，表现出了自发的合作与分工。当部分沙子撒到地面后，教师及时提醒幼儿想办法将沙子运回沙池，让孩子养成了良好的卫生习惯。在清扫沙子的过程中，孩子们能利用现有的工具进行清扫，知道如何解决问题。游戏结束，幼儿能够养成迅速、有条理地按类整理、物归原位等良好的习惯。

指导与跟进

1. 在活动中发现有些幼儿在使用工具的时候并不能很好地去抓握，说明小班幼儿的手部精细动作还需要加强锻炼。我们可以利用平时收集到的关于这方面的照片，让孩子观察，并就"小手要抓住哪里铲子才能用上力？""还可以怎样拿？"等有关问题展开讨论，让孩子更好地掌握工具的使用技巧，提高孩子运用挖沙工具的能力。

2. 教师是幼儿活动的支持者、引导者和合作者，在今后的游戏中，教师应根据幼儿的兴趣点，继续丰富活动区的材料，促进游戏的持续、深度进行。教师也要继续为幼儿提供宽松的自主游戏探索环境，追随幼儿兴趣的同时继续加强幼儿同伴间的友好相处及交往能力，对出现的问题引导幼儿积极思考并给予鼓励和支持，推动游戏的持续开展。

热心的琪琪

在区域活动中，琪琪小朋友从益智区拿了一盒恩物玩耍。她右手边放着恩物 7 的盒子，左手方向放着竖向的蓝色框子，里面是老师预先提供的恩物 7 拼搭示范图。她先是取了一个黑色圆形恩物，随后取了橘色、红色圆形恩物分别对齐摞高，又取了一个绿色恩物进行摞高，第一组共搭建了 4 个圆形恩物。

这时羽羽向教师寻求帮助："老师，没有人陪我玩。"此时琪琪小朋友抬了一下眼睛，已经注意到了这边所发生的事情，但随后又低头摆弄了一下搭建的第一组恩物。老师告诉羽羽："你可以去找一个朋友，你看看你想玩什么？"羽羽说："没人陪我玩，谁都不和我玩。"这时琪琪小朋友又抬起头看了一眼羽羽，然后回头看了一下后面正在活动的其他小朋友说："你和敏敏去玩吧，好不好呀？"随后羽羽便走向了敏敏，琪琪也没有继续搭建，而是回头呼唤敏敏："敏敏，你和羽羽玩一玩。"此时羽羽已经走向敏敏小朋友的座位旁边。敏敏听到了琪琪的呼喊后，也开始和羽羽进行交流，在确认羽羽与敏敏一起玩耍了之后，琪琪又开始进行搭建，这次她一共搭建了 3 组：圆形、正方形、三角形。然后她把三组不同形状、颜色的材料放回到盒子中。

放回原位后，琪琪又在盒子里拿出了一个紫色半圆形恩物问道："老师，这个怎么玩呀？"教师回答："你试试看。"她便选择了紫色和橘色恩物并尝试拼出一个圆形，但她将橘色恩物又放回盒子里，选择了另一个紫色恩物拼出一个圆形。随后她从篮子多幅示范图中，找出了她想拼搭的图案。但圆片黏在了一起，她尝试将两个恩物分开，但是没有成功，于是便寻求老师帮助："老师，我拧不开了。"并将黏在一起的恩物交给老师。同伴向老师分享自己的拼图成果时，她也抬起头欣赏。同伴走后她继续拼摆，同时告诉老师："我要排个公交车。"拼摆过程中，后面正在做其他游戏的一个小朋友说了一句"鑫鑫你迷糊了。"她听到后也笑着告诉老师"鑫鑫都迷糊了"，并继续选择三角形图形进行拼摆。琪琪再次找到一组黏在一起的恩物，她举起来跟老师说道："咦，又黏住了一个。"并再次尝试将它们分开，这次，她成功了，她笑着跟老师说："老师，我拼好了。"老师问："这是什么呀？"她笑着回答："小人。"

分析

1. 小班幼儿处于以自我为中心阶段，琪琪是独立游戏，但当有其他幼儿需要朋友一起游戏时，琪琪能主动帮助幼儿找到伙伴，说明她是一个具有良好表达能力和交往能力的孩子，并且具备乐于助人的良好品质。

2. 幼儿有较为灵活的思维能力，能够通过目测对教学中的高矮有一定的认知基础，通过对简易材料的操作，对于事物的分类、颜色等也都有了初步的认识。琪琪对于形状的分类也很明确，能够将物品收拾整齐，并有序地放回原位，具备良好的物归原位的行为习惯。

3. 小班幼儿对于图形的认知有一定的限度，琪琪拿出了不常见的图形并产生了探索的心理，对于陌生的事物她下意识地寻求帮助，教师给了她充分的空间和宽松的氛围进行思考和探索。琪琪无法打开黏在一起的图形，说明幼儿小手的力量还不够，手部精细动作的发展需要加强。在最后回答时发现幼儿拼完和拼搭前所说的搭建物是不同的，这充分说明了幼儿的思维是活跃多变的，会在拼搭过程中随时改变，符合小班幼儿先拼后想的年龄特点。

指导与跟进

1. 通过观察发现琪琪的思维能力、人际交往能力的整体水平是高于这个阶段的幼儿。她具有良好的语言表达能力、人际交往能力以及灵活的思维能力。教师提供了简易可操作的材料，发现幼儿拿的材料都是不同颜色、不同形状的物体，在操作中潜移默化地进行数的学习和认知，充分反映了小班年龄阶段幼儿单独游戏、先拼后想、对于新鲜事物好奇探索的特点。

2. 在幼儿操作过程中，教师可以进行介入，如"你拼的小人是什么形状、什么颜色的""你是怎样拼出来的"等，让幼儿通过回答教师的提问，回忆自己的探索过程，进一步对数、颜色、形状等加深了解。也可以在羽羽寻求帮助时引导幼儿与其一起玩耍，培养幼儿的合作意识以及与同伴友好相处的能力。

走进蜗牛的世界

最近雨水比较多, 幼儿园的外墙边爬了很多的蜗牛。每次户外活动总是有三三两两的幼儿轮班捉蜗牛, 好玩的户外材料也吸引不了他们的目光, 并不时地交流着: "快看, 小蜗牛的身子出来啦!" "小蜗牛的触角被我一碰缩起来啦。" "快来看, 我发现这只蜗牛大, 触角也长。" 听到孩子们的议论, 我仔细地观察蜗牛, 发现墙边的蜗牛确实很多, 而且在不停地蠕动着。

蜗牛

孩子们好奇的眼神, 快乐的交谈, 非常符合他们的年龄特点, 这个时期的幼儿对周围的一切事物都感到好奇, 并喜欢去探索研究。班上幼儿基本在 3 到 4 岁间, 他们对观察的事物有自己的经验, 有自己明确的目的。因此, 在分析了蜗牛这个专题活动的价值之后, 我决定抓住这个教育契机, 根据幼儿的兴趣, 在科学区开展 "走进蜗牛的世界" 一系列专题活动。

为了了解幼儿的原有经验和现有水平, 我组织了一次集体谈话活动, 我问他们: "蜗牛长什么样子, 它有什么特点? 跟其他小动物哪里不一样?" 孩子们争先恐后地举手回答: "老师, 蜗牛有触角,有四只触角。""它的触角上有眼睛。""它爬得实在是太慢了。""一碰它的触角,触角就会缩起来。"

可以看出,孩子们已经对蜗牛有了一定的科学探究,并不仅仅局限于小班时学习的知识——"硬壳是自己的小房子"。他们的认知能力增强了。接下来,该组织孩子们近距离接触蜗牛了。

雨后,我捉住了一只蜗牛。"新客人"小蜗牛,吸引了很多小朋友前来观察,有的左看看、右看看,有的看了一眼就跑开了。由于蜗牛少,人多,我建议孩子们找找哪里还有蜗牛。孩子们四散开来,都去找蜗牛,玩起了捉蜗牛的游戏。孩子们发现墙上有,树叶上也有,饲养角屋顶上也有,捉了一会儿,有的孩子跟我说:"老师,我找到了一只。""老师,我捉了两只!""老师,我捉了三只!"这时,我们班一位年龄较小的琪琪跑来哭丧着脸对我说:"老师,我没有,我没有找到。"站在旁边的宁宁听见了说:"我有两只,给你一只吧。"琪琪抬起头笑着说:"谢谢。"我朝宁宁竖起了大拇指。

分析

一次偶然的机会,孩子们发现了小蜗牛,并对蜗牛产生了极强的好奇心,因此我抓住机会顺应孩子们的兴趣点,让他们玩起找蜗牛的小游戏。在游戏中,宁宁听到琪琪没有捉到蜗牛,很快将自己的其中一个分享给了琪琪,表现出宁宁具有很好地与人交往的能力,懂得与别人分享自己的快乐。

关于蜗牛"嘴巴"的争论

在孩子们观察蜗牛的时候,突然有一个声音:"蜗牛有没有嘴巴呀?"小朋友开始争论起来,有的说有,有的说没有。我也故意发问："到底有没有嘴巴呢？它喜欢吃什么呢？"达达小朋友说："老师，我爸爸能够捉到很大的蜗牛，我让爸爸逮个蜗牛，咱们看看它吃不吃东西。"第二天达达果然带来了一只大蜗牛，还将大蜗牛放在了矿泉水瓶里，这样就更便于观察了。我问小朋友怎样才能知道大蜗牛有没有嘴巴？达达说："老师，我爸妈说蜗牛吃树叶。"美美说："我在书上看到蜗牛吃树叶。"文文说："老师，我去外面摘个树叶回来塞到瓶子里，看看它到底吃不吃。"我表示赞同，文文捡来一片树叶，塞到瓶子里观看蜗牛是不是吃树叶。小朋友们争先恐后地嚷着要看看，观察了一会儿，发现蜗牛并没有吃树叶。我将自己的猜测告诉小朋友："小蜗牛刚到我们班里比较陌生，可能还没有习惯，不敢吃树叶。"达达说："我们把它放到一边，不去打扰它，它就会悄悄地吃树叶啦。"我把蜗牛放在了窗台边，中午时分小朋友去观察，发现蜗牛并没有吃树叶，午睡后再去观察，发现它还是没有吃。小朋友又开始议论了："蜗牛可能不喜欢吃树叶。""我书上的小蜗牛吃的是青菜，也许蜗牛更喜欢吃青菜。"我去食堂捡了一片卷心菜叶子。为了让小朋友观察蜗牛是否吃卷心菜，我用剪刀将卷心菜的边剪得整齐一些放了进去。同时，我建议小朋友们回家可以请爸爸妈妈帮忙查查关于蜗牛的一些资料。

分析

看到孩子们激烈的争论却得不到结果而着急的面庞，我们一起从网上查了查，蜗牛是有牙齿的，不光有牙齿，还是世界上牙齿最多的动物，有 2.6 万个左右的牙齿！经过和孩子们的亲自验证，我们发现小黄瓜可能是小蜗牛的最爱！所以我们决定以后就喂小蜗牛吃黄瓜。孩子们通过猜测、验证的方式认知了蜗牛的牙齿，于是对蜗牛有了新的认识。

爸爸妈妈来帮忙

我们邀请家长和幼儿一起收集蜗牛的资料，帮助幼儿积累有关蜗牛的知识经验。有的家长从网上下载了蜗牛的图片和视频，有的家长找到了蜗牛的完整资料，纷纷让幼儿带到班里。同时，教师在阅读区投放了绘本，如《一只蜗牛飞上天》《追寻幸福的蜗牛》《超级英雄小蜗牛》等。

我带领孩子们一起交流讨论，观看他们带来的图片、视频和相关文字资料，而且还布置了"走进蜗牛的世界"专题墙。我们把图片贴在墙上，旁边放着捉来的蜗牛。在进行区域活动时，总有小朋友去观察蜗牛，也会去电脑旁看相关视频。日常活动时，孩子们只要有时间总是会到"走进蜗牛的世界"专题墙来观察蜗牛。也经常听到孩子们七嘴八舌地讨论："看，菜叶子上有缺口，那就是蜗牛吃的。""达达带来的蜗牛很大，颜色也不一样""我捉的蜗牛这么小，他们品种不一样"……在主题墙的指引和小朋友们的互动下，孩子们对蜗牛的兴趣越来越浓厚。渐渐地，我发现有很多小朋友在美工区喜欢用橡皮泥捏蜗牛，拿纸笔画蜗牛。我建议小朋友们将自己发现的蜗牛画出来。孩子们高兴地画着自己认识的蜗牛：硬硬的壳，长长的、软软的身体，触角上面有眼睛。孩子们通过自己的认识画出了对蜗牛的观察和了解，有的描绘蜗牛的花纹像棒棒糖，有的说蜗牛的牙齿可能和我们的一样，有的还画出小蜗牛的影子，还有的描述小蜗牛受伤的情景，还有的想象小蜗牛在壳里的样子，还有的想到它身上的细菌，吃树叶的情景、爬树的情景，还有两只趴在一起的蜗牛……

捏蜗牛

分析

通过小朋友和爸爸妈妈一起搜集蜗牛资料，和小朋友一起布置主题墙、画蜗牛，可以看出幼儿有敏锐的观察能力，而且能够很好地指认和表达，说明孩子们有一定的感性经验。

蜗牛有什么用处

一天，我问小朋友，蜗牛对人类有什么用途。子桓说："老师，蜗牛可以治病。"明月说："有一种大蜗牛肉非常鲜美，可以吃。"

"对，红酒焗蜗牛。"听着孩子们你一句我一句地回答，我暗自开心，通过深入开展本活动，孩子们已经能主动地学习，乐在其中。

分析

材料是引发幼儿主动探索、获取经验的桥梁，因此，提供足够的材料支持是激发幼儿学习兴趣，帮助幼儿积累和拓展有益经验，促进幼儿真正发展的源泉。

指导与跟进

心理学家皮亚杰说过，儿童就是科学家。幼儿就是天生的探究者，从一出生就在不断地探究周围世界，建构自己的知识。在"走进蜗牛的世界"系列活动中，孩子们通过一系列的活动积累了关于蜗牛的知识，并在持续观察中激发了幼儿的探索欲，懂得从各个方面、各种渠道获取知识。同时，我也深深地体会到主题墙在系列活动中的重要性，除了可以展示有关知识外，在归纳总结、学习经验提升等方面都发挥了事半功倍的效果。另外，教师不仅要观察孩子，还要发现孩子的困难，传授解决问题的方法，给予幼儿积极的引导和适当的支持，他们遇到问题会更愿意去解决。这也是我在本次活动中感悟到的又一次新的理解。孩子们在这次活动中懂得了尊重生命，收获成长，发展了探究能力、思考能力、合作能力以及解决问题的能力，培养了孩子们对科学的兴趣。一个蜗牛激发了孩子探索的欲望，整个过程中，他们专心、专注、持之以恒，认真观察、积极参与，兴致盎然，通过"捉蜗牛""画蜗牛""蜗牛有没有嘴巴""蜗牛的用处"等一系列的观察、探究活动，获得了关于蜗牛的诸多知识，也为孩子们以后进行探索活动奠定了良好的基础。

通过观察小动物，孩子们学会了如何与大自然和谐相处以及尊重生命。教师应给幼儿提供探索的时间和空间，让幼儿在自主探索中获得丰富的知识与经验。

蓄水池

幼儿园沙池里多了一条还未完工的水渠，这条水渠引起了铭铭小朋友的关注。于是他像个小大人似的手托着下巴、低着头，一会儿看看水渠，一会儿看看石磨，过了一阵他从工具箱里翻出一把铲子和两根 pvc 管。只见他把一根 pvc 管竖着放在接水槽漏口处，接着又摆上了其他两根，摆好之后他打开了水，发现水虽然流了下来，但没有顺着管子继续向下流，原来是接口的地方没有接好，于是他开始调整水管的接口处。他先把水管口对起来，可是这样水管就伸不到水渠里了；那就把水管用力地折一折，哎呀，水管太硬了折不动；不管它，可是水就流不到第二根水管里……试了几种方法都没成功之后，铭铭有点沮丧。他想了一会

沙池中的蓄水池

儿决定去找好朋友凡凡、凯凯来帮忙。凡凡过来之后，先试了试水管能否接得起来，发现不行之后，他说："我们在这里挖一个坑吧，挖个坑就行。"于是三个人埋头苦干，一会儿就把水坑挖好了。只见水顺着第一根管道流到了水坑里，等水坑里的水积满溢出来后，又流到了第二根管道然后继续向下流。

分析

1. 在活动中，铭铭先观察了压水井和水渠的距离之后才决定把水引到水渠里，而他在引水的过程中发现了 pvc 管的不合适，于是便用自己想到的办法来尝试解决，在多次尝试之后虽然没有成功，但是他没有放弃，而是寻求其他人的帮助，可见，即使小班的孩子，对于感兴趣的事情也能够保持坚持与专注。

2. 凡凡在接到求救之后，虽然已经知道铭铭尝试失败了，但是他还是自己动手去试了一下才去想其他的办法。这是由小班孩子的年龄特点和认知水平决定的，是一种常见的行为。在解决这个问题时凡凡想到了之前生活中曾经见到过的"蓄水池"，于是把生活中的经验迁移到了游戏中，在探索与解决问题方面有了很大的成长与提高。

3. 小班下学期的孩子已经有了合作意识，在遇到困难时可以尝试解决，不怕困难，敢于探究和尝试，还能主动寻求帮助，由此足以看出他们具有良好的学习品质及语言表达能力。

救救小鸭子

游戏活动一开始，磊磊就来到科学区选择了沉浮游戏。他先把沉浮材料一个一个放进水箱，然后，把手插进水里搅拌起来。看着材料随着水的流动一会儿快、一会儿慢地旋转，磊磊的眼睛变得闪闪发亮，脸上的笑容也越来越灿烂。玩了一会儿，磊磊发现，原本浮在水面上的橡皮小鸭沉到了水底。他连忙把小鸭从水中捞起，左瞧右看地检查起来，嘴里还自言自语道："咦，它不是会游泳吗？"

分析

磊磊是一个观察敏锐、善于思考和发现问题的孩子。教师投放的橡皮小鸭材料由于气孔损坏，有一些漏水。之前玩这个游戏的小朋友，有的没有关注到这一现象；有的发现了，但是没有过多在意。而磊磊在观察到这一现象后，马上产生了疑问，并开始探究问题的根源。他的自言自语也体现了他对问题的思考。

磊磊反转小鸭察看的动作，导致水从小鸭腹部的圆孔里向外流出。磊磊看到后，就把小鸭放到耳旁左右摇晃起来，小鸭的肚子里发出了"哗哗"的水声。这时，磊磊好像发现了什么，开始双手用力挤压小鸭的腹部，大量的水在压力的作用下从圆孔中涌出。反复挤压几次，在确定不再有水流出后，磊磊将小鸭放回水中，可是没过一会儿，小鸭又慢慢地向水下沉去。看着沉底的小鸭，磊磊发出"啊"的一声，接着他再次把小鸭打捞上来，用刚才的方法又"救治"了一番，在把小鸭放下水之前，磊磊还把小鸭放到耳旁晃了晃确定没水声才放心。可是，这次小鸭依然没有摆脱之前的厄运，又一次沉了下去。

分析

看得出，磊磊具有较强的观察、分析和判断能力，这在同年龄段的幼儿中实属难得，在探索的过程中，他能够综合运用多种感官去发现问题，并做出合理的推断，进而实施解决问题的策略：先找一找鸭子身上漏水的地方，然后晃一晃，听一听，发现有水的声音，这帮助他验证了鸭子腹部是坏的，并且还有好多水，从而判断小鸭沉底应该与其腹部进水有关；最后他把水从小鸭腹部挤出来，并再次进行尝试和验证。可见，即使是小班的孩子，对于感兴趣的事情也会比较坚持与专注。

这一次，磊磊没有再将捞起的小鸭放入水中，而是抬起头向一旁的教师求助道："老师，小鸭坏了，不会游泳了。"教师问："小鸭为什么不会游泳？"磊磊说："它这里漏水了！"他边说边用手指着小鸭腹部的小孔。

教师启发道："那我们可以用什么办法让它不漏水呢？"磊磊认真地想了想说："把这里粘上。"教师马上追问道："怎么粘住呀？""用胶布！"磊磊非常兴奋地拿来透明胶布，开始往小洞上粘。可是由于小洞周围有水，他试了几次都没能成功。

磊磊有些气馁，教师见状提醒他："磊磊，你看胶布不能粘住湿的小鸭！"磊磊听了教师的话说："小鸭身上湿湿的，不好粘，我把小鸭擦干以后再试一试吧！"磊磊拿来抹布，把小鸭擦干，然后请教师帮助往小孔上粘胶布，这次总算成功了！而且在磊磊的坚持下，小鸭被裹上了一层厚厚的胶布。磊磊小心翼翼地将"救治"后的小鸭放入水中，然后目不转睛地观察起来。

过了一会儿，他终于抬起头，绽放着灿烂的笑容快乐地对教师说："我把小鸭子治好了！"

分析

正在上小班的磊磊为了解决问题能够进行多次尝试并最终解决问题，可见他的学习品质中已具备了难能可贵的坚持性。在解决问题的过程中，不断有困难产生，阻挠着他的探索，但是磊磊并没有放弃，而是不断地改变策略，积极寻找解决问题的方法。当自己无法解决问题时，他还会适时地寻求教师的帮助直至获得成功。所以，老师适时、适合的鼓励和引导，会起到事半功倍的效果。

指导与跟进

1. 为幼儿的自主探究活动提供必要的心理支持。对于投放到科学区中的材料，教师大多会预设一定的教育目标。当教师发现幼儿的游戏并没有按照预设的目标开展时，不应轻易干预和盲目打断，而应在一旁耐心观察，并在观察的基础上，做出思考和判断，反思投放的材料为何会引发幼儿不同的游戏行为，以把握是否介入以及如何介入等。这个案例中，教师投放了各种可以沉浮的材料，目的是让幼儿简单探究不同材质的材料在水中的沉浮现象，但没想到因为小鸭的漏气问题，引发了预料之外的探究点。对此，教师没有盲目地干预幼儿的活动，而是在耐心观察的基础上给予幼儿适时的引导，帮助他获得了有益的新经验，保护了他探究的好奇心。这种心理上的支持，能够对幼儿的自主探究活动起到积极的推动作用

2. 转变思路，把材料的选择权交给幼儿。教师可以在班级科学区为沉浮游戏设置一个材料收集箱，鼓励幼儿自己收集材料，让科学探究的材料具有多样性和趣味性，从而更好地激发幼儿游戏的灵感，丰富游戏内容。教师可以让幼儿自己收集生活中的常见物品，如各种材质的瓶子、罐子、小玩具等进行沉浮实验。另外，教师还可以根据幼儿的游戏情况，引导他们不断地丰富和更换游戏材料，如有意识地选择一些大小、轻重不同的材料，以更好地探索沉浮的影响因素。

3. 调整材料，增加解决问题的机会。磊磊的游戏启示我们，在投放材料时，还可以考虑有选择性地对某些材料进行"改造"，比如，投放有缺陷的材料（如案例中漏了气的橡皮小鸭），或改变材料的形状（如叠成方块的锡箔纸）等，通过制造小悬念，增加幼儿发现问题、解决问题的机会，丰富幼儿的自主探索活动，帮助他们积累更多有关科学探究的有益经验。

蒜苗可以再生吗?

时间一天一天过去,植物角里的蒜苗长高了许多,窗台上郁郁葱葱的,生机盎然。长势非常好的小蒜苗让人们的心情也舒畅起来。一天,成成高兴地说:"老师,我们把蒜苗剪下来吧。咱们做个蒜苗炒鸡蛋,味道特别好。"有几个小朋友也在一旁说:"老师对啦,我妈妈也炒过这样的菜。"希希在一旁说:"对,对对!不赶紧剪了蒜苗,蒜苗就会老得咬不动啦。"孩子们特别有想法,能够根据蒜苗的高度判断是否能吃,主动学习性强,也说明平时生活中也会经常吃到这样的菜,有这方面的生活经验。这样,在小朋友们的建议下,我们用剪刀将小蒜苗剪下,做成了蒜苗炒鸡蛋。孩子们吃着自己种出的蒜苗,别有一番味道。

看着窗台上被剪掉的蒜苗,孩子们有些失落。豆豆问:"剩下的蒜我们还要它们吗?"小鱼儿说:"我们吃了蒜苗剩下的蒜就没有用处了。"

这是一个很好的教育契机,可以抓住这个机会,丰富孩子们的生活经验和认知经验,引导他们继续探索、深入探究。我建议道:"小朋友们不要将蒜扔掉,先让它们在阳台上晒晒太阳吧。说不定还能再长出新的蒜苗呢。"小朋友们听到后觉得不可思议,有的小朋友说剪掉了,不能再长出蒜苗了,也有小朋友说是可以长出蒜苗的。他们激烈地争论着。最后他们齐声问我:"老师,到底还会不会再长出蒜苗呢?"我说:"我们两天之后再观察一下就知道了呀。"

几天过后,蒜苗又长出来了,孩子们看到新长出的蒜苗惊喜万分,涵涵赞叹道:"蒜苗也太厉害了,真的能再生!"我很惊奇孩子所用的"再生"一词!问她再生什么是意思,她头头是道地说："再生就是死了还能再活过来，没有了还能再长出来！"我感叹她如何得知的，她说："我跟妈妈说过蒜苗，妈妈说蒜苗剪了还能再长出新的蒜苗，妈妈说这种本领叫作再生！"

好奇是每个孩子的天性，从一开始观察到现在，孩子们好像对蒜苗越来越感到好奇，觉得蒜苗会有令他们意想不到的变化！可以看出，孩子们的求知欲望越来越强烈了，同时，自主学习意识已经占主导！

在这一过程中，他们愿意跟别人分享自己的所知所感，多方了解自己想知道的事情，自主学习能力再度提高！

分析

短短一段时间里，孩子们一直关注着蒜苗的生长与变化，并保持着较高的兴趣。我认为带领小班幼儿进行自然科学探究，要结合小班幼儿的年龄特点，选择生长速度快且变化大的植物，并根据小班幼儿的年龄特点，设置一些有情境的问题。比如把大蒜叫成"蒜爷爷"就非常拟人化，符合小班幼儿思维拟人化的特点，打破了以往的探究模式，大大激发了小班幼儿探索的兴趣。

指导与跟进

小班幼儿带有明显的从众与模仿性，想让幼儿观察，教师就要多与幼儿共同观察。当想法得到老师的肯定后，孩子们就会争相去尝试，因此教师自身必须有一颗乐于探索的童心和主动探索的欲望，不断发现植物生长的特点和幼儿原有经验与正确认识上的冲突，以问题来激发幼儿探索的兴趣与愿望。另外，小班幼儿很少提出问题，因此教师要有目的地提出简单的问题，引领幼儿有目的、有顺序、专注地进行观察，在游戏中获得知识和经验。

取圈圈的故事

午饭过后，带孩子们来到院子里遛弯儿，明明、小正等几个孩子饶有兴致地玩起了荧光棒。只见他们将荧光棒两头接起来做成了圈圈，向上抛，玩抛圈的游戏。明明将圈圈往上一抛，圈圈恰好挂在了槐树上，于是明明将矿泉水瓶向圈圈的方向投去，可是瓶子太轻，根本够不到圈圈，他捡来很多石子放到瓶子里，瓶子变沉了，他又继续向圈圈的方向投去。他试了多次，瓶子还是跟圈圈擦肩而过，由于距离太远，根本无法投准圈圈。明明有点丧气了，眼睛盯着圈圈不说话。这时候，在旁边玩耍的小正看到了这一幕，便跑过来帮忙。小正拿着瓶子往后撤了撤身体，抬脚看了一下圈圈的位置，然后将瓶子投向圈圈，瓶子碰到了圈圈，圈圈带动枝条晃动了一下。他又试了三次，圈圈还是只微微晃了几下，当他第四次将瓶子投向圈圈的时候，圈圈开始往下落，但落在了另外一根离地面近点儿的枝条上。这时候，明明抓住最下面的枝条使劲摇晃，孩子们也跟随他使劲摇晃，圈圈由于套在了枝条下端只是来回飘舞。这时候已经过去10多分钟，明明最后使劲一拽将枝条拽了下来，他用长长的枝条将圈圈挑了下来，明明和小正开心地跳了起来，其他孩子也纷纷竖起了大拇指。

分析

案例中，明明拽掉枝条的行为有不妥之处，后期我们可以对孩子进行爱护花草树木的专题教育。但观察整个取圈圈的过程，我们会发现，明明一直积极、专注，对这件事情保持着很高的兴趣。他的意志力相当坚定，始终坚持想办法不放弃取圈圈。小正则是一个乐于助人的孩子，他发现明明遇到困难而主动帮助他，积极主动地动脑筋、想办法，勇敢尝试，坚持用瓶子投圈圈，专注且认真。明明和小正在整个取圈圈的过程中，齐心合力、团结协作，我们看到的是他们专注、坚持、热心等优秀的学习品质。

指导与跟进

　　幼儿由于年龄小、能力有限，做事难免会遇到各种各样的困难，这时容易产生退却行为。我们应该为孩子积极创设独自面对困难的机会，引导他们想办法克服困难，培养他们做事有始有终、坚持到底的良好习惯，从而增强其坚持性。一日生活皆教育，时时刻刻都会有教育契机，教师要做有心人，利用和创设有利条件，培养幼儿专注、坚持、乐于助人等良好的学习品质。

第二章

培养中班幼儿"坚持性" 的研究与实践

中班的孩子有意注意一般能坚持多少分钟？我们一起来看专家的研究结果：3 岁的孩子有意注意时间在 3~5 分钟；4 岁的孩子有意注意时间在 10 分钟；5~6 岁的孩子有意注意时间在 10~15 分钟；7~8 岁的孩子有意注意时间在 15~20 分钟。其中，中班孩子的专注力发展速度很快，所以说幼儿园中班时期是孩子专注力培养的关键期。

许多观察和实验都表明，幼儿智力的发展与他们的注意力水平有很大的关系。注意力集中、稳定的孩子，智力发展较好；而注意力不集中、不稳定的孩子，则智力发展相对差点。同时，幼儿注意力的发展不仅影响幼儿智力的发展，而且影响幼儿对新知识的接受效果。

所以，教师和家长一定要抓住这个关键期，在个别化游戏活动和一日活动中给予幼儿良好的指导和适时、适当的帮助，培养幼儿的坚持性，以及与之伴随的喜欢学习新知识、主动探索、遇到困难勇于克服等良好的学习品质。

孩子兴趣的产生分为内在动力和外在动力两种，内在的动力是孩子对兴趣爱好持久坚持的关键，仅靠外在动力是难以持久和健康发展的。教师要时刻关注孩子参与活动的细微变化，抓住孩子外在动力转化成内在动力的契机，给予适时、适当的引导，逐步培养孩子积极参与活动、专心专注做事、集中注意力的良好品质。

有趣的复写纸

活动区里，安安拿着复写纸来回端详，显然对复写纸产生了浓厚的兴趣。他拿着复写纸不停地看，然后放在一张白纸上，按老师的提示尝试将另一张纸叠加在复写纸上进行绘画，很快画完拿起来看了看，发现下面的纸上出现了跟自己画的一样的画，脸上出现了笑容。随后，他又换了一张纸，继续绘画。又有几名幼儿感觉有趣，放下原来的玩具加入到安安的游戏中来。

分析

孩子对于不熟悉的东西或者会排斥，或者会新奇，更多的孩子会像安安一样小心翼翼地去尝试，直到发现这是自己可以掌握的，就会喜欢并会进一步探索。还有一些孩子会在别人尝试过以后查看效果，然后再选择是否参与。

没有指导也许是最好的指导。这次活动我只是告诉孩子复写纸的使用方法，然后就等孩子自己去探索。孩子对于寻找并发现秘密的过程表现不同，但是都很新奇和喜爱。

安安真的对复写纸非常感兴趣。再一次区域活动，他仍旧选择了绘画复写纸。但是这一次我对他提出了要求：请你用复写纸画一张脸。安安迷茫了一会儿，开始尝试作画。过了一会儿他给我拿来一张画，在半张纸上画了两个眼睛、一个鼻子、一个嘴巴和半个脸。我鼓励他打开纸看看效果。打开以后他自己就笑了。然后我请他再次回去作画。他思考了一会儿，又开始作画。他画得很小心，不停地打开纸看。最后给我一幅画，画上是一张脸，虽然五官很小，并且笔触明显不够大胆，但是他已经掌握了复写纸的使用方法。然后我鼓励他在此基础上将人物面容做夸张和修正，但是他没有做。

分析

安安有很强的钻研精神，通过他的选择和绘画过程就知道了。他不够大胆是因为他对材料还不够熟悉，但是经过尝试以后他能够做自我修正，这是非常好的精神。最后，他没有按我的要求做，我觉得是我的要求有点操之过急。

指导与跟进

在两次体验的基础上，下次的活动我会提出更高的要求，当然我会陪孩子观察、尝试，陪孩子发现错误，然后给孩子时间，等待他自己找出原因并进行修正。孩子的潜力无限，教师要及时发现并给予恰当的指导，以及对活动材料做及时的调整，以激发孩子探索材料的欲望，同时，给孩子思考和自我修正的时间和机会。教师也要注意每次的活动要求要契合孩子的年龄特点和实际水平，不可操之过急或要求过高，提出的要求应使孩子"跳一跳够得到"，不仅要使孩子因为完成了一项超越自我的跨越，建立起骄傲和自信，还应该放慢脚步给孩子更充分的成长和体味的时间。

美丽的花园

美工区里，菲菲随手拿起桌面上剪好的皱纹纸看了起来，康康和小玉也来到了桌子面前，她们分别找到了自己喜欢的皱纹纸，显得非常开心。这个时候，老师对孩子们提出了要求，主要是让小朋友们利用手中的皱纹纸，在白纸上用双面胶粘出美丽的花。

桌面上已经摆放好了白纸、双面胶、皱纹纸。孩子们略作思考后，就开始动手做了，菲菲看了一下周围的小朋友，拿着皱纹纸在摸头思考，把皱纹纸在手里搓来搓去，一直没有动手做。这时候，她发现了正在观察她的我，马上叫道："老师老师，我不会！"我走过去说："一会儿老师要来你的'花园'赏花哦！"菲菲立马有了兴趣，她看看别的小朋友在用皱纹纸做好花后，往双面胶上粘，她也试着做起来。她平时对老师的依赖性很强，可是当她听到我要来欣赏她的"花园"时，马上变得异常兴奋，好像接受了一个使命一样，一丝不苟地做起来。她选取了几种自己喜欢的颜色进行制作，不一会儿，她就在白纸上粘了满满的花。她开心地拿着自己做的花，和周围的小朋友比较谁的好看。

分析

菲菲是个乖巧懂事的孩子，但缺乏主见，对老师和其他幼儿有依赖心理，遇到困难容易退缩。这个时候，教师给予适时、适当的鼓励，她便能努力独立完成操作。

赏识教育是帮助孩子培养一种良好习惯的正面手段，是促使孩子坚持下去的最大动力。在关键时刻，教师充分发挥语言的激励功能，能鼓励幼儿坚持完成任务。教师可利用幼儿这一特点，及时、适当地给予一个微笑、一句肯定的话语、一个满意的点头，逐步消除他们的依赖心理，从而提高他们自主操作的信心。针对一些依赖性强，不愿参与活动，活动中不积极、不主动的孩子，在日常生活中，我经常用鼓励的眼神、肢体动作提醒他们，给他们充足的空间表现、展示自己，并对他们的点滴进步进行表扬和鼓励，使他们慢慢地自信起来，进而萌发表现的欲望。

指导与跟进

作为教师，要善于发现孩子感兴趣的事物，发现游戏和偶发事件中所隐含的教育价值，把握时机，积极引导。赞赏和鼓励是帮助孩子培养良好习惯的正面手段，是使孩子坚持下去的最大动力，教师要发挥赏识教育的重要作用，在一句话、一个眼神、一个行动中帮助孩子增强自信。

小汽车下坡

在班级科学区，我投放了"汽车下坡了"的材料，包括两辆一样的小汽车，三块长方体的积木，其中两块同样长，一块表面保持原样，另一块表面粘上瓦楞纸。

自主游戏时间到了，彤彤拿来材料，她先把最短的积木放在最下面，然后把两根同样长的积木搭在短积木上，形成了两个高度和长短一样的坡。之后，彤彤顺手拿起两辆小汽车，放在坡的顶端，两手松开，汽车从坡道上滑了下来，可是快慢并不明显。"彤彤，哪辆车开得更快？"我的问题先是让彤彤一愣，接着她回答："好像一样快啊。""当然是你先松手的那辆快啊。"一旁的凯凯忍不住说。"是啊，你再试试看吧。"我也附和着。彤彤又拿起两辆车放在坡的顶端，这次光滑坡道上的那辆车明显先松手，果然"嗖"的一下很快就滑下来了。"我说得对吧，先松手的那辆肯定快啊。"凯凯不禁露出几分得意。接着，他还提议："如果一起开的话，哪个快呢？我来数一、二、三，你两只手同时放开。"

彤彤又拿起两辆小汽车放在坡的顶端，凯凯数到三，彤彤两手同时放开，小汽车一起往下滑。"快看快看，这边的快。"两个小家伙眼睛直直地盯着光滑坡道上的那辆车，拍手叫了起来。"一次不算，我们再试一次吧。"凯凯又建议。第二次，凯凯开小汽车，彤彤数数，结果还是光滑坡道上的小汽车开得快。"老师，我们发现了，光滑坡道上的汽车开得快。"孩子们欣喜地告诉我他们的发现。

"不一样的坡度，一样的坡面，汽车下坡的速度一样吗？"带着新的问题，孩子们继续探究着。

分析

"汽车下坡"这份探究材料看起来非常简单，因此在幼儿操作前，我直接投放在科学区，并没有示范，只是简单地告诉幼儿材料的名称，引导幼儿自主探究。

彤彤在前两次玩汽车时存在的问题，我没有急于纠正，而是让彤彤和同伴共同去发现答案，最终达成共识。在轻松愉快的氛围中，幼儿明确了开小汽车的规则，发现了光滑坡道上的汽车开得快的秘密。

每一份探究材料都隐含着规则和奥秘。"汽车下坡"的规律对成人而言，是非常简单的，但在幼儿眼里，却要经过他们反复的尝试。因此，教师要善于做幼儿的支持者、引导者和合作者，不能把结果作为目标，而要更多地关注幼儿的探究过程，给予他们激励和提示，哪怕是失败的、错误的，也要鼓励他们经历一次又一次的努力去探索其中的奥秘。幼儿在一次次的探索活动中，不断失败又不断尝试，每次都会获得经验，促进游戏的持续进行。如果游戏材料是幼儿不喜欢的，那么一两次的失败可能就会导致幼儿失去兴趣而放弃。而在这个游戏中，幼儿饶有兴致地进行着探索活动，专注且有耐心，这也很好地说明了游戏材料对幼儿的探究活动起着举足轻重的作用。

哪辆车开得远

不同坡面的开车游戏渐渐受到了孩子们的冷落。于是，我将材料进行了一些微调，将原来一块表面粘上瓦楞纸的坡面换成光滑的坡面，另外增加了一些作为底座的积木。

酷爱汽车的小杰第一个发现了这一微小的变化，问我："老师，那个瓦楞纸的滑坡怎么不见了？"我微笑着点了点头说："你的眼睛真尖，那你还发现了什么其他变化吗？"得到肯定后的小杰信心满满地研究起来，他摆弄了一会儿一拍脑袋说："我发现了，现在小坡的面儿一样了，但是底座可以变高变低了！"小杰拉来了自己同组的好朋友熙熙和小雨等一起观看。

有了这个发现，小杰先搭好两个高低不一样的底座，一边向他们介绍自己的新发现，一边开始摆弄材料，调整起新的坡度来。做好后，小杰很兴奋地拿起之前用积木搭好的两辆小车说："快点准备好，小车要开咯，你们猜，哪辆开得远？"说完，他得意地看了看自己的好朋友，熙熙和小雨都说自己搭的斜坡上的小车开得远，小杰有些迫不及待地松开了手中的汽车。当熙熙看到自己坡上的小车开得远时，激动地扬起双臂，喊了声"耶"！小雨则有些质疑地说："你刚才先开那辆车了，不算！"小杰说："我们再试一次吧！"熙熙快速地将小车拿开，小雨则瞪大眼睛看着小杰手中的汽车，小杰把两辆汽车放在斜坡的顶端，然后同时放手，结果熙熙的汽车再次超过了小雨的汽车。这时，小雨突然大声说："我知道了，他的小坡高，所以开得远。"小杰提议说："我们继续玩吧，这次我们轮着开，好不好？"熙熙和小雨点了点头。于是，三个小伙伴继续在科学区玩着开小车的游戏。

分析

在幼儿探究活动中，教师是幼儿的合作者和引导者，起着主导作用。但是教师的引导要适宜，这种适宜性很大程度上体现在教师对活动的介入和指导方面。

在斜坡小车的区域活动中，教师是材料的提供者以及幼儿探索活动的观察者和分析者。当教师发现原有的材料渐渐淡出幼儿的兴趣点时，及时地在原有的基础上调整了材料，将原本探索不同光滑程度坡面上小车行驶状况的目的调整为探索不同高度坡面上小车行驶情况的目的。

鉴于中班幼儿已经具备了一定的操作经验，这次教师没有给予更多的信息，而是观察幼儿对这份新材料的反应。从孩子们的互动中可以发现，他们原有的探究经验对新材料的顺利使用起到了十分关键的作用，孩子们通过摆弄材料，很快找到了新材料的操作关键——坡度座的变化。活动中，教师并没有更多的介入，而是在幼儿发现材料变化时适当地加了一些小小的"催化剂"，即肯定了小杰的"火眼金睛"，并通过反问让幼儿进行观察与操作。

指导与跟进

材料是幼儿认识周围物质世界的中介，通过连续增加和改变材料的投放，可以提示和引导幼儿逐渐丰富知识经验。建构区中再简单不过的几块积木只要运用得当，同样能让幼儿体会到探索的乐趣。

啥也不会画的小虎

小虎，就像他的名字一样，虎头虎脑，特别可爱，在家里是二胎宝宝，又是男孩，平时家里人很是宠爱，养成了比较懒散的习惯，而且他对画画特别抵触，每到美术课，他就露出艰难的表情，说："我不会，这个怎么画啊?"并且跑来跑去不专心，给他上课的老师很是头疼，小班他就这么"混"过来了。到了中班，一开学还是这个样子，虽然能画，但是画得真得很小，而且每次都极不情愿，需要老师不断地提醒才能完成。这次画小鸭游水，老师讲完之后，他又显出不高兴的样子，歪着头趴在桌子

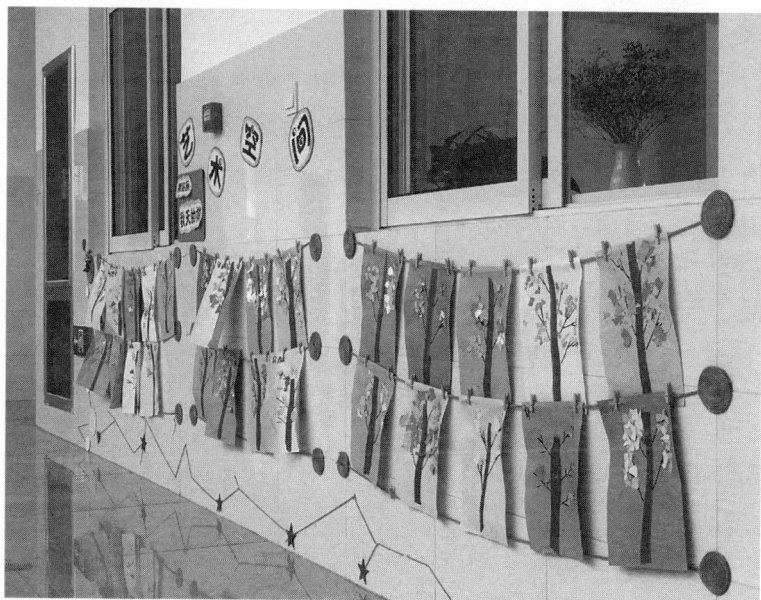

小朋友生动的绘画

上，于是我走过去，说："你看，小鸭子的头像什么，像不像一个圆圆的皮球？"他看了看说："嗯嗯，像。""那么我们就先画一个圆圆的皮球吧。"于是我引导他画一个大大的圆。"再看看他的身体像什么？像一块切开的西瓜吗？"就这样，慢慢地，一只小鸭子画好了，然后再用同样的方法画出其他不同颜色的鸭子。看着自己的作品，小虎高兴地笑了。我顺势说："小虎，画画好玩吗？"他笑嘻嘻地说："好玩。画画一点也不难，我现在有点喜欢画画了。"

分析

当小朋友遇到他认为的困难时，教师千万不要打击他们的自信心，如："这个这么简单你也不会呀""不能这么懒，你快点画呀"等等，教师的催促只会加剧他们对活动的反感情绪，在心理上会更加抗拒，起到相反的效果。幼儿的不喜欢，一方面是由于孩子自身性格的原因，也或者是来自家庭的溺爱和娇惯；另一方面就是活动本身没有足够的兴趣来吸引孩子，没有能够激发他参与游戏活动的兴奋点。

指导与跟进

小孩子的兴趣有的是天生的，更多的则来自参与过程中内心体验到的愉悦感。如，一个孩子特别喜欢音乐，听一首动听的歌曲就能带给他愉悦，再比如一个孩子特别喜欢看书，看到一本好书就会给他带来愉悦，做这些事情本身就能带给孩子兴趣和愉悦的心理体验，其专注度自然是高的。教师可以通过调整活动材料，改变活动形式，因材施教，敏锐地抓住孩子的兴趣点，让孩子在活动中体验到开心和愉悦，他就会积极参与到游戏中，并逐步增强做事的专注度和持久性。

兴趣也来自他人的关注。小虎刚开始是一副懒散的做派，参加什么活动都抵触。这里有家庭溺爱的因素，同时也是他吸引关注度的一种方式。他内心想获得教师或者同伴的关注，却没有得到，所以就一直"混"。本次活动中，教师给予了关注和陪伴，小虎内心得到了满足。教师的细致指引，激发了小虎内在的参与活动的热情。

沙池里的故事

小小的沙池，大大的世界。每次来到沙池玩游戏，孩子们都会结伴挖沙。诺诺今天挖了一个小水坑，引起孩子们的注意。朵朵看了看说："我们一起来挖个大水坑吧。"几个孩子一拍即合，本来圆圆的小水坑开始变得长长的，小水坑里的水开始向长长的河道流淌。

沙池

几个小伙伴挖得热火朝天，可是诺诺发现轩轩挖的速度比自己还有其他小朋友都快，于是他停下了手里的工作说："轩轩，我能用你的小铲子吗？我用这个跟你换。"他指着自己手里的钉把。轩轩说："我不想换。"诺诺说：

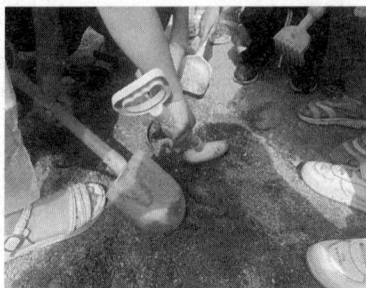

挖沙子

"玩具要分享，我们换着玩儿。"轩轩犹豫了一下，跟诺诺互换了挖沙工具。刚挖了一会儿，轩轩就发现自己好像做了一笔不划算的交换，试图跟诺诺把工具换回来，但是他没有直接跟诺诺沟通，而是又找了一个小铲子，并把这把小铲子介绍给了其他小伙伴。轩轩说："我告诉你们，这个小铲子挖得快。奇奇，你的那个不能挖沙，太慢啦，你看你挖了以后又掉下来啦。"奇奇指着钉把说："那我不用这个啦，我用这个小盒子。"诺诺说："轩轩的铲子太小啦，用小车运沙子吧。"奇奇用小盒子挖沙速度也很慢，但是他听到诺诺运沙车的建议之后，迅速拿来了运沙车，大家开始卖力地往小车里装沙子。过了一会儿，诺诺还拿来了一个大盒子，用大盒子装沙，挖渠道的速度明显快了起来。

运沙车

沙池活动结束后，几位小朋友分享了自己挖渠道的游戏。因为时间到了，挖渠道工作没完成，明天要接着干，而且要请多一些人帮忙，这样就能快一点完工了。不能用钉耙和小盒子，因为沙子容易漏出来，最好是用小铲子挖沙，大盒子运沙，这样配合速度最快。

挖水渠的游戏持续了大约一个月，小水渠慢慢变成了大运河，孩子们不停地发现问题，解决问题，快乐无比。

分析

虽是小小的沙池和水，却激发了孩子们无穷的兴趣和"创作热情"。整个过程中，孩子们积极主动参与，专心、专注于"小水渠"的建成和维护。同伴间相互配合、分工合作，通过反复尝试，选择了最好用的挖沙和运沙模式——"小铲子挖沙，大盒子运沙"。

这个活动极大地激发了幼儿的活动热情，持续时间很长，而且每次活动孩子们都会有新的想法，从而获得新的收获。多区域活动的游戏，孩子们不能在一次活动中完成，需要他们开动脑筋，不断解决问题，用认真、坚持的态度去面对。

石榴树下的故事

金秋的阳光温馨恬淡，金秋的蓝天白云飘逸，金秋的田野遍地金黄。在这个收获的季节里，幼儿园里的石榴也成熟了，变成了黄红的，脸上还带着小麻子，有的裂开了肚皮，那里面的籽晶莹剔透，像一粒粒珍珠，又像一张张开心的笑脸。

急不可耐的孩子们几天前就打好主意要摘石榴了。此刻孩子们站在树下，仰着头看着挂在枝头的石榴，努力往高处

幼儿园里诱人的石榴

起跳并伸长手臂想要摘下石榴，但孩子们个头实在太小了，他们反复尝试，石榴依旧高高地挂在树上。"我们一起搬椅子吧"。于是，他们搬来了椅子，个子高的孩子踩到椅子上，依旧够不到；我静静地站在后面，看着他们无奈的样子，"还有没有更高的工具帮助我们啊？"孩子们你看看我，我看看你，一起看向我。"等老师一分钟哦，"我拿来了梯子，孩子们欢呼起来。泽泽说："我们爬上这个梯子就可以摘到石榴啦。"红红说："你把石榴拽下来给我，我给你拿着我们一起吃。"泽泽说："我想爬着这个梯子摘石榴，可是我怕摔下来，老师能帮帮我吗？"石榴摘下来了，小朋友们迫不及待地掰开放在桌子上。等泽泽下来后，他们开心地吃起来。"老师，这个石榴籽会长成很大很大的石榴树吗？""会的！"他们便悄悄地把石榴籽埋在石榴树下的一个角落里，期待明年能够长出新的石榴来。

分析

1. 我们可以看到，幼儿对自己感兴趣的活动，专注性与持续性比较高，遇到困难时也不会退缩，而是选择研究/提出对策去解决问题。他们摘石榴时遇到困难，便在自己的认知范围内，积极动脑筋想到了搬椅子，又再面对高高的梯子时及时寻求老师的帮助，最终克服困难摘到石榴，享受到成功的喜悦，激发了幼儿内心的自信心和自豪感。

2. 为了摘到石榴，孩子们齐心协力想办法，登高爬梯，最后共享石榴。这让他们充分体验到团队合作的快乐，建立了良好的伙伴关系。让孩子感觉到，江河中没有一滴多余的水，无论作为哪种角色，都能贡献出自己的力量，团结一致，就一定能获得成功。

3. 老师适时地介入能够帮助幼儿克服心理障碍，专心游戏，更有利于幼儿身心健康。在孩子们面对高高的石榴时，老师没有直接给出方法，而是让孩子们自己想办法，给了孩子们自己直面困难、共同面对困难的机会。当孩子们失败后，老师给孩子们提供了新的方法，开拓了孩子们的思路，提升了孩子们的认知能力。因此，在爬梯子的过程中，孩子就自觉向老师求助了，在这个过程中，孩子们认识了梯子的作用，更是自我认识的成长。因此，我们把孩子照顾得再好，也不如给他一个良好的环境，让他们养成礼貌待人接物、直面困难、处理问题的好习惯，那将受益终生。

指导与跟进

　　未来是一个竞争与合作并存的社会，只有直面困难、懂得合作的人，才能获得生存空间。因此，幼儿间、师生间可以利用合作的形式共同完成任务，促进幼儿间的相互学习，让他们更健康快乐地成长。

尧尧的故事

尧尧是一个非常清秀的男孩子，也是一个很聪明的孩子，平时喜欢一些较安静的游戏，喜欢和旁边的小朋友一起玩，在每次的活动中，他都很有主见，能大胆发表自己的见解，而且语言表达能力较强，动手能力也不错。虽然如此，但尧尧的学习习惯不是很好，经常和旁边的同伴讲话，没有很好的倾听习惯。尧尧也不喜欢参加各种运动，因此他的身体协调性不是很好，体质也相对较差，经常接到尧尧家长的请假电话，原因是身体不舒服；另外，他的生活自理能力也相对弱一些，特别是用餐习惯不佳，每天都有剩饭和剩菜，而且通常是最后一个在老师的帮助下才能吃完自己的饭菜。据了解，尧尧在家吃饭都是爷爷、奶奶喂，很少自己动手吃。在自觉、独立用餐能力方面还有待提高，特别要让他多参加各种体育运动，让他的身体素质逐渐增强。

第一阶段

观察一：午餐的时间又到了，孩子们按照平时的习惯洗手、吃饭。当他们开始用餐时，我听到洗手间传来流水的声音，过去一看，原来是尧尧，就问："你怎么还在洗手呀，其他小朋友已经在吃饭了。"这时，他才不紧不慢地来到餐桌旁坐下，看了看两边的同伴，他们已经吃了一大半了，可尧尧还是没有动。我又上前问："尧尧，你怎么还不吃饭呢？"他又看了看老师。此时同桌的幼儿对他说："快点吃呀，不吃肚子要痛的，会没有力气的。"在同伴和老师的督促下，他终于开始吃了。

观察二：在一次生活活动中，我和孩子们一起讨论："如果一个中班的小朋友连自己的事情都不会做怎么办？"孩子们举了很多的事例，其中包括在家还要喂饭的情况。说到这个敏感的问题时，大概有 6~8 个孩子低下了头，其中包括尧尧。我就接着说："你们不说我也知道谁还要喂饭的，等晚上，老师会打电话的。"晚饭后，我把电话打到尧尧的家里，是奶奶接的，我问："今天晚饭是尧尧自己吃的吗？"我听到奶奶在对尧尧说："快来听老师的电话，你自己对老师说。"接着，尧尧就接过电话非常有礼貌而且诚实地说："今天是奶奶喂的。"最后我就这个问题与家长交流了一些看法。

观察三：用餐的时间又快到了，尧尧悄悄走到我的身边，凑近我的耳朵说："老师，我告诉你，昨天晚上是我自己吃的饭。"我摸摸他的头，微笑着说："尧尧你进步了，在家能自己吃饭了，我相信在幼儿园也一定吃得比以前快。"他高兴地翘起嘴角，还在喃喃自语："老师表扬我了。"在我请小朋友洗手时，平时总是慢吞吞的尧尧却意外地排在前面。当他端着香喷喷的饭菜时，脸色一下子由晴转阴，手拿勺子并支撑着下巴，一副不想吃饭的样子。看到这样的情形，我及时用反常的话语刺激他："有的小朋友吃饭很慢，你们看看尧尧的本领真大，已经吃了很多饭了。"我的话音刚落，他就开始动了，眼睛还不时地看着我。

阶段总结：本阶段，孩子经常依靠家长喂饭的情况有所好转，这与家长的大力配合是分不开的，虽然不是每次都自己吃饭，但他毕竟在进步。在幼儿园，孩子挑食的习惯还是很严重的存在着，通过老师运用多种鼓励加教育的方法，尧尧的用餐速度明显提高，刚开始，碰到他不爱吃的菜，就满足他的想法，尽量少吃一些，之后慢慢地用鼓励、激将、引导的方法进行教育，现在尧尧在用餐时基本能把饭都吃完，动作也比以前快了。这件事情还需要老师和家长经常联系，保持一致的教育方法，才能有所改善。

分析

尧尧不愿意主动用餐的原因，可能是前几天身体不舒服，家长都他喂饭，在此期间，他可能形成了一种依赖性；也有可能是胃口不好，吃不下去。不管是什么原因，老师应该尽量让尧尧自己吃饭，让他知道，自己的事情一定要自己做。

从本次观察中可以看出，老师花再多的努力，孩子回家后教育情况若发生了变化，永远也不会达到预期的效果。因此，孩子生活自理能力的培养和各种教育问题，不单靠幼儿园就可以完成，而是要家园保持一致的教育目标才能达成。因此家园要经常保持联系，这样，孩子的良好习惯才能养成。

从今天午餐尧尧的表现来分析，尧尧并不是一直不愿意自己吃饭，而是他有挑食的坏习惯。开始时他吃饭的情绪还是较高的，当看到不合自己口味的菜时，就开始有不想吃饭的想法了，才有如此的表现。从家长的角度来分析，可能是把孩子的菜弄得太精细了。

指导与跟进

1. 鼓励、引导幼儿自己用餐。

2. 利用同伴去影响尧尧用餐的意愿。

3. 餐后及时地表扬和鼓励。

4. 经常与家长联系，保持一致的教育目标。

5. 以各种形式鼓励和肯定孩子的点滴进步。

6. 继续与家长保持联系，形成一致的教育方法。

7. 激将法还是有效果的，老师可以经常以各种方式来表扬他。

第二阶段

根据对尧尧的观察，发现他与同伴之间的合作关系并不理想，而且交友范围比较小，因此本阶段要培养他与同伴友好相处，并能学着帮助别人的良好习惯，发展初步的交往能力，使其能积极地参加各项体育运动，并逐步增强体质。

观察一：在今天的区域活动中，尧尧选择了图书区，他在书架上翻了好一阵，终于看到了一本自己喜欢的书。尧尧面带笑容地拿起书坐到了小圆桌上翻了起来。一边看，一边不停地发出很轻的声音，如"这个标志我在马路上看到过的"。正当尧尧看得专心时，小政被他吸引了过来，他看了看尧尧说："我能和你一起看吗？"尧尧好像没听到一样，小政又说："你在看什么，能和我一起看吗？"这时尧尧头也不抬地说："一本书，两个人怎么看呢？等我看好了你再看吧！"听了尧尧的话，小政马上找到老师，生气地把刚才发生的情况告诉老师，并带老师来到图书区，可是尧尧还在那里不停地翻书。我就用商量的口吻对尧尧说："你在看什么呀？我们三个人能不能一起看呢？"这时他才点了点头，表示同意。

观察二：在今天的运动活动中，我们的游戏项目是跨栏和跳袋，我组织幼儿分成两组，一组幼儿玩跨栏，一组幼儿玩跳袋。游戏开始了，尧尧被分到了玩跳袋的一组，他们一组的孩子们都争先恐后地挑自己喜欢的袋子，尧尧却和往常一样，东看看西看看，似乎不愿意玩。看到这样的情况，我故意请龙龙去邀请他参加游戏，当龙龙走到尧尧身边说："尧尧，我和你一起玩好吗？"尧尧看了看龙龙，还是不动，接着龙龙又说："你钻进去，我教你怎么跳。"龙龙说着还把袋子拿给尧尧，教他怎么钻进去。尧尧总算和龙龙一起游戏了，但过了不久，当我再次看向尧尧时，他还是站在原来的地方。

观察三：今天尧尧选择了区域活动中的面塑区，当他来到区域时，别的孩子已经开始操作了，而且有四个孩子。照规则，这个区域已经不能再增加人了。尧尧看了看他们说："你们在做什么，能不能让我也参加？"其他的孩子说："这里坐不下了。"尧尧又说："我会做广场上的花坛了。"听了尧尧的话，四个孩子就让他坐下了。他熟练地将面泥搓软、搓圆，然后像做汤圆似的用大拇指和食指将面泥边挖边转，一会儿工夫，一个花坛做好了。之后，他还将做花坛的窍门教给了其他小朋友。

观察四：在今天下午即将离园时，我组织幼儿听故事。我先提了一些听故事的要求，之后放故事录音。听故事时，当听到好听的地方或有趣的伴奏音乐时，好多孩子都会发出奇怪的声音或是做一些小动作，尧尧也不例外。可是今天，令我感到意外的是，别的孩子都在动或是有声音，尧尧却一动也不动，坐得非常端正，而且还对旁边的同伴轻轻说："听故事不能有声音。"这时旁边的孩子也被他的行为感染了，安静地听完了所有的故事。之后我就及时表扬了尧尧，还奖给了他一个笑脸。

阶段总结

通过一学期的教育引导和培养，尧尧的各方面都有了不同程度的提升，从一个喜欢一个人玩到能与同伴一起游戏，活动中能有持久性，经常在游戏中从头玩到尾，有了一个质的飞跃。但尧尧在整个学期中，经常有反复的情况，有阶段性。从本阶段尧尧的表现来看，他已经有了一定的荣誉感，他觉得做事的好与不好，直接影响到他的荣誉，而且他非常好强。他能从自我慢慢走向接纳同伴，并愿意主动将自己的本领教给别人，让同伴分享自己成功的快乐，是一个非常大的进步。这与老师和家长的引导、鼓励是分不开的。

分析

从今天的观察中，可以明显地看到尧尧与同伴合作游戏的能力还不够，虽然单独、安静地看书较好，但是同伴已经主动请求了，可他还是不同意。这可能与尧尧的教养方式有关，尧尧是爷爷、奶奶带的，要什么给什么，理所当然地认为自己最重要了。从今天的活动中，可以观察到尧尧是不太喜欢运动活动的，无论老师安排怎样的情景或如何引导，他都会积极参与，但坚持的时间不长。这可能与他的身体状况有关系。尧尧身体经常出现不适，而且有挑食的问题。因此他接受不了一些剧烈的运动项目，只是经常参加一些舒缓的活动。

在后来的观察中可以看到尧尧一个非常惊人的举动，他能主动地与同伴一起游戏，而且能用商量的语气，并且自己解决游戏中出现的困难，还主动把自己的本领教给同伴。可能是由于他比较喜欢面塑活动，尧尧的动手能力是非常强的。

从倾听故事的环节中可以看出，尧尧的自我控制能力还是很好的，关键是看内容是否是自己喜欢的。另外，尧尧已经有了初步的荣誉感，从活动中可以看出他自我要求比较高，要得到老师的表扬。他的行为也影响了其他孩子。

指导与跟进

1. 老师多引导尧尧与同伴一起游戏，多应用一些鼓励、商量的语气。

2. 家长要积极配合幼儿园的教育。

3. 适当增加运动的强度和密度。

4. 建议家长经常带孩子参加一些运动项目。

5. 经常鼓励他参加各种运动活动。

6. 对于他的进步及时给予肯定和奖励。

7. 经常给他创造各种机会，让他去施展和表现，经常创设这样的环节，培养孩子良好的倾听习惯。

8. 及时的鼓励和表扬是必需的。

9. 建议家长经常抽时间陪孩子阅读，或培养孩子倾听的习惯。

好玩的套盒

套盒是由 10 个大小不一的盒子套在一起组成的，且盒子底部有 0~9 的编号。孩子们非常喜欢这套材料，每次活动都会与这套材料碰撞出不同的火花。

小鱼儿将几个盒子放在桌子上，很多盒子被随意放在筐子里。他拿出其中几个盒子仔细观察后，将它们套在了一起，然后将套好的盒子口朝下分开摆成一个高塔。之后又将盒子打乱，重新套在一起，变成不同形状的高塔。如此反复进行，持续到收材料的音乐响起。他将套好的盒子放在玩具筐里，筐子里的其他盒子没有整理，他便要把玩具收走。我提醒道："小鱼儿，你看看没玩的这几个盒子都快要从筐子里掉出来啦！"本来要端走材料的小鱼儿，听到我的话便将筐子放下，拿出每一个盒子，开始观察并在嘴里嘟囔着："这是 6，这是 7。"不一会儿，就把其中一套盒子完整套好。在教师的提醒下，他迅速根据盒子底部编号进行整理，说明他早已注意到这一点，也认识了较大的数字，可以看出他是个观察力敏锐的孩子。他继续套剩下的盒子，发现找不到 2 号盒子，他拿过 3 号盒子犹豫地看着我，想套又不敢，说："没有 2 号了，3 号直接套进去吧。"我点了点头，小鱼儿开心地套好了剩下的套盒。套好后，最后剩下 6 号，他在每组套盒里都试了下，发现都不合适，说："老师，这个盒子哪都套不上，我直接放到筐子里啦!"说完便将 6 号盒子跟其他几组套盒整齐地放入筐内收走了。

小鱼儿会选择反复玩这套材料，说明这套材料符合中班年龄特点，是幼儿感兴趣的。喜欢，是幼儿选择玩具的前提，也会吸引幼儿专注地进行游戏，从而增强他的专注力。在找不到合适编号的盒子时，小鱼儿能够根据情况进行调整，并在教师的提醒下顺利收拾好套盒，可以看出他有灵活处理问题的能力，同时会在遇到困难时，争取老师的帮助，在得到教师的肯定后，坦然将盒子叠放好，整个过程增强了孩子的自信心。他在最后整理时，沉着地将多余的 6 号盒子单独放入筐内，这跟刚刚舍弃 2 号套盒直接放 3 号套盒时获得的经验相似，他灵活地运用刚刚学习到的经验，尝试解决现有问题，可见他已经具备了非常难能可贵的坚持性和举一反三的能力，遇到困难有过犹豫但又不放弃，懂得取舍，改变策略。

分析

对于幼儿的活动，教师要适时地介入，为幼儿的自主探究活动提供必要的心理支持。投放的材料尽量暗含一定的教育目标，当教师发现幼儿的游戏并没有按照预设的目标开展时，不应干预和打断，而应在一旁耐心等待与观察，当幼儿遇到困难、游戏无法进行的时候，再适当地介入。这套材料符合幼儿的年龄特点，能够引发幼儿探究的欲望，在幼儿探究过程中遇到困难进行求助时，教师适时适当地介入，给予幼儿心理上的支持和游戏进行的指引，可以对幼儿的自主探究活动起到推动作用，促进游戏持续推进。

指导与跟进

1. 教师要有意识地引导幼儿关注周围数字，增加解决问题的机会，以此提高他们的能力，还要敏锐地捕捉日常活动中的教育契机，拓展幼儿的生活经验，以帮助他们积累更多的实践经验，促进幼儿游戏的持续开展。

2. 教师可以在活动结束后，引导幼儿相互观摩同伴的作品，以及活动结束收拾物品的图片。有效利用同伴间互助互学的力量，加强幼儿整理物品的意识，充分发挥同伴间相互学习和帮助的影响力，教会幼儿同伴之间相互学习的重要性。

适合的才是最好的

乐乐的妈妈时常和我抱怨："乐乐在家的时候注意力不集中，给他讲完故事，再问他，他却一脸茫然，啥也不知道。做其他事情的时候也是心不在焉、跑来跑去，不专心。但唯有在画画的时候，他会很认真、很专注，成人在旁边做其他事情也不会干扰到他。"确实，乐乐妈妈说的现象我也观察到了。幼儿园里的乐乐也会有这种表现：乐乐小朋友平时在区角游戏时总是不停更换游戏，没有耐心。图书角的书翻来翻去，不停更换，一转眼，他又已经到了益智区，可怜的小天平秤被他"粗暴"地放上好多东西，东倒西歪。要不就在活动室跑来跑去，不得安宁。

区域活动结束后，小朋友有的喝水休息，有的在玩玩具，有的在看书，但很奇怪的是，这次乐乐却坐在老师的小椅子上一个人拍着小手。这让我觉得很奇怪，平时 5 分钟都难坐得住的小朋友，今天怎么坐了这么久呢？乐乐的小嘴巴里好像还在说着什么。我走过去仔细一听：谁来跟我拍拍手，谁来跟我坐神气……原来是在模仿老师呢。看到乐乐这么认真，我没有去打扰他，直到我请小朋友坐到自己位置上他才离开。

分析

　　乐乐活泼好动，做很多事情都是虎头蛇尾，缺乏坚持性，往往事情做到一半就跑得不见人影。在发现了这一现象后，我就一直关注他的日常行为。我发现他特别喜欢画画，只要一上画画课，就像换了个人，眼睛眨也不眨地盯着老师，画画或者做手工时，也是很认真。他还喜欢模仿老师的言行举止，通过和家长沟通，发现他在家里也特别喜欢模仿老师，还要爸爸妈妈做学生听他指挥。我抓住他这个优点，在接下来的区角游戏中，邀请他来到了"表演吧"，模仿老师的样子带领小朋友唱歌、做课前准备活动，他非常痛快地答应了，而且一直都没有离开过老师的小椅子，当发现哪个小朋友不认真时，还会学着老师的样子去提醒他。我也在想：这个方法不一定适合每个孩子，但是对于乐乐而言，这个方法还是适合他的。

　　因为乐乐在家和幼儿园都很喜欢画画，所以在幼儿园我一有机会就会把他的画拿到小朋友面前"大声炫耀"。每次都会看到乐乐脸上流露出骄傲和自豪的神情，以后的画画课他更是格外认真和专注。我还引导乐乐把绘画课上的好表现引申到其他活动中，激发他参与其他游戏活动的积极性。慢慢地，乐乐在参与其他活动时，也不再跑来跑去，兴趣爱好也越来越广泛，看来，只要找到适合这个孩子的方式去引导，就一定会起到很好的效果。

指导与跟进

世界上没有两片完全相同的树叶，每个孩子都是独一无二的。所以教师要根据每个孩子的性格特点、兴趣爱好以及他最近的发展情况制订相应的学习、活动计划，要让孩子"跳一跳能够得到苹果"。同时，教师和家长要为孩子创造一个安心的游戏和活动环境。心静下来了，他才会安心且享受地去做某些事情。否则，他只能惶恐地纠结于各种"不安心"因素，难以专注。当孩子做某件事情很投入时，教师和家长尽量不去打扰他，这时他的内心正在产生安静的正能量，心安定，专注力自然就会得以提升。

尤其是像乐乐这样的孩子，当他喜欢某项活动或某个事物时，应顺应他的需求，为他提供更多与之相关而且他喜欢的活动材料，让他积累相关的活动经验，并帮助他横向拓展，将探索变为更多的可能。孩子也在持续的活动中获得更多的技能和经验，会更有兴趣地投入到后面的活动中，教师要有效做好家园配合，引导家长了解孩子的目前表现和最近发展，去提供更多的操作材料，创造更多参与游戏活动的机会，让它变得更丰富、更有趣味性，孩子注意力集中的时间自然会更长，注意力和专注度也会逐步提高。

我们都很棒

星星是个性格有些内向的孩子，平时他不太喜欢与别的孩子交流，语言能力相对较弱，缺乏自信心，甚至很少与老师说话，早晨入园打招呼时也是用很轻的声音。今天的语言活动气氛很好，小朋友们都很开心，我注意到星星也表现得很兴奋。我趁机请他回答一个很简单的问题，想借此机会鼓励他。可我刚刚喊出他的名字，星星就低下了头。我微笑着重复了一遍问题，还没等星星有所表示，其他孩子就开始议论了起来："他不会说的。""他什么都不知道。""他说话我们都听不见。""他到底会不会呀？""老师，我知道，我来说！"……星星没有辩解，头还低着，脸上也没有什么表情。

通过这次的事件，我认真地思考了一下，尽管我平时比较注意公平公正，尽可能给每一个孩子表现的机会，也曾多次找出星星的进步并在集体面前表扬他，但其他孩子却没有给过他认同和赞许。甚至有一次星星和几个男孩子合唱歌曲，尽管星星表现不错，但小朋友们却把赞扬都给了其他孩子。

为什么孩子们会因为星星某些方面的不足而有些排斥他，看不到他的闪光点呢？老师的认可和赞许固然能够提高孩子的积极性，帮助他们建立信心，但在一个集体中，孩子们之间的相互欣赏也是十分重要的。

我在班级中开展了"夸夸我的小伙伴"活动，请小朋友们用一周的时间认真观察身边的小伙伴，找出他们的优点。一周之后，我们进行了总结发言。当我说到星星的名字时，大家说出了他很多的优点。的确，孩子们有了很多新的发现。比如：星星爱干净；星星画的画色彩特别明亮；星星吃饭表现很好，从不挑食；星星乐于和别人分享东西；星星还喜欢帮老师做事情……看得出，孩子们是经过了细心的观察，赞美也是发自内心的。听到同伴们的表扬，星星虽然没说什么话，但他的表情是愉快的，他抬起头看着大家，眼神里充满了光彩。

分析

让孩子学着欣赏别人，发现别的伙伴身上的优点，既能让他们体会到快乐，也能让所有的孩子共同进步。学习和欣赏别人的过程同时就是一个提高自我的过程。在欣赏与被欣赏中，大家都会感受到愉快，体会到自尊，从而增强自信心。

让孩子学会大胆表达

在这天的语言活动《看云去》开展之前，我把小静请到了身边，拉着她的小手，亲切地与其交谈。我问："小静，喜欢上老师的课吗？"她微笑着点点头。"老师很喜欢小静上课时认真的样貌呢，老师一向期望能看到你举手发言，好想听小静回答问题，你愿不愿意呀？"她说："愿意。""嗯，老师最喜欢在课上用心动脑、大胆举手发言的孩子了，你认真听清问题，想到了什么就举手回答，大声地告诉大家，即使说错了也没关系，只要你愿意大胆地表达就是勇敢的好孩子，懂吗？"她点点头。

在活动中，当问及"你刚才看到的云是什么样的，像什么？如果请你把云朵画下来，你准备怎样画"时，小静举起了手，最后大胆地表达出自己的想法，这是一个大大的突破，我及时用她喜欢的图形宝宝奖励了她，她的笑容更甜美了。

分析

小静是个自理能力较强的幼儿，平时寡言寡语，多数时间只与固定的几个幼儿交流。在教育活动中，更难见到她举手发言，有时被点到名字后，就一副害羞的样子，站着不说话。平时我也不断地引导她大胆回答，却多是以失败告终。

指导与跟进

1. 我为她的进步感到欣慰，当然今后我也会继续持之以恒地鼓励支持小静，帮助她养成用心动脑、大胆表达的良好习惯。相信她的自信心会在老师的一再鼓励下逐渐建立。老师要密切关注各个孩子的不同发展情况、表现、需要，给予适时、适当的引导支持，才能促使孩子不断进步。

2. 借助这个实例，鼓励、引导其他不敢大胆表达的孩子也要勇敢参加各项活动，增强自信心。

换来换去

每次区域活动，孩子们会经常挤在同一区域内，比如建构区、小巧手、美术操作区等，而有的区域却非常冷清。这次为了避免这种现象，我鼓励他们选择以前没有玩过的区域。小书屋、益智区、体育区、手工区等区角都利用了起来，让整个活动室都生动起来。孩子们看着琳琅满目的玩具和材料，兴趣都十分浓厚，劲头十足，我乐在心里。但是有的孩子不停地调换着玩具、材料，拿起一种材料摆弄两下，便换其他的来玩，在各区域间跑来跑去，走马观花，始终静不下心来。看到这种情况，我急忙提醒幼儿，做事要专心，千万不要三心二意。但是有的孩子仍然你推我我推你的，谁也不让着谁，继续抢着玩具。于是我对这几个小朋友做了适当惩罚：停止活动5分钟。5分钟以后，他们又开始了活动，但这次他们再也没有争抢的现象了，而是认真地操作起来。

分析

适当的小惩罚能够让孩子们珍惜活动机会，也会给其他幼儿以警示作用。虽然可以暂时促进活动的顺利进行，但这样是否能真正调动幼儿参与游戏的兴趣和积极性呢？孩子不会伪装，感兴趣的游戏材料他必然会积极地参与进来。所以教师要紧紧抓住孩子的兴趣点，根据孩子的兴趣强弱提供或者适当调整游戏材料，增强游戏材料的吸引力，他们才会积极参与、专心专注。教师要学会用"儿童的视角"引领自己的教育行为，让每个儿童随"性"发展，尊重儿童、给予儿童尝试自主探索操作的空间与时间。儿童就是儿童，教师不能按成人的标准给儿童贴上"好"或"不好"的标签。适时指导，但却不要急于干预。

恩格斯说："在一种方法的背后，如果没有一种生机勃勃的精神，到头来不过是一堆笨拙的自然工具而已。"回归教育的原点，重新审视"顺应天性游戏启智"的教育内涵，从关注表层因素逐渐到达对更深层面教育因子的关注，抬头仰望天空，那么湛蓝、那么广阔——因为我们已奋力飞过。

拼娃娃

芊芊小朋友在数学区玩拼图形娃娃的游戏。这是一个复习几何形状的活动，要求小朋友先自己独立拼摆出一个娃娃来，然后数一数，分别用了几个正方形、三角形、长方形、圆形等。

芊芊先拿了一个圆形当娃娃的头，然后拿了一块大一点的长方形当身体，又在长方形的下面放了两个小长方形当娃娃的腿，紧接着她又拿了两个小的长方形放在头（圆形）的两边，我正纳闷这是什么东西的时候，看到她又拿了两个小三角形放在这两个小长方形的旁边。我问她这是什么，她说是手。原来她把手臂装在头的两边了。再看看其他几个小朋友，他们也是这样，把手臂安在头的两边。这时我提醒他们："请看看你们的手臂长在什么地方？"他们看来看去，然后说："在身上。""在身上哪个位置，和哪里连接在一起呢？你们细细观察，应该把手臂装在什么地方呢？"芊芊犹豫了半天，拿着长方形一会儿在头上放放，一会儿在身上放放，最后试着在身上拼上，还不确定地看看我。看我没有异议，才确定下来。最后拼完的时候，我问她："现在是不是像个娃娃啦？"她点了点头。

分析

芊芊在整个活动过程中，边思索边选择合适的形状进行拼摆。遇到困难时，认真听取老师的建议，几次尝试后，终于将娃娃拼摆完成。即使中间遇到困难，无法完成，她也没有放弃，可以看出这个孩子勤于思考、做事情认真专注，有较强的坚持不懈的意志品质。

从这次活动可以看出，在拼图以及日常画人物画的时候，小朋友会把手臂和头直接连接起来，这是本年龄段的幼儿绘画的特点。可能对他们来说，手臂长在肩膀上这个位置。说明幼儿对人物形象绘画的基本结构还不是很清晰，需要教师及时地介入和指导。

指导与跟进

教师可以为幼儿创设相应的活动材料，如卡通的身体结构图，帮助孩子认识身体的结构，帮助他们提高绘画的水平，当他们不会画的时候，也可以用拼图或者粘贴的方式来表现人物。绘画可以锻炼孩子的肌肉精细度，开发孩子的智力，锻炼孩子的观察力和专注力……绘画的好处很多很多，但更多的是能带给孩子无限的快乐。但也不要急于求成，要让绘画作为孩子生活中的一项小游戏，循序渐进地进行。

金字塔

小豪和哲哲各拿了一套恩物 5 的材料，两个孩子都用了教师教的儿歌的方式按步骤打开材料，而且都不约而同地玩起了拼搭的游戏。小豪一直在不停地摞高，或者机械地堆积，一会儿是两层，一会儿又是三层。我问他搭的是什么，他说："我不知道啊，我也不知道这是什么。"哲哲在打开材料后，先是挑选了里面的正方体，一层一层的摞高，但是她的摞高不是无序的，而是有规律的。最底层的是 5 块小正方体，然后依次是 4 块、3 块、2 块、1 块。我问："你搭的什么呀？"她说："我在搭金字塔。""金字塔"的框架建成后，她开始装饰，两边用小三角柱装饰，左右两边的数量一样多，摆放位置也是对称的。金字塔的两边各有一根柱子，每根柱子由 2 块小半圆柱体组成。除此之外，还搭了台阶。整个构造两边是绝对的对称，真的堪称完美。哲哲不断招呼旁边的小伙伴过来欣赏她的作品，最后喜滋滋地托着腮欣赏自己的作品。

小豪依旧在不停地拼拼搭搭，我再一次问他："你搭的是什么？"还是回答："我不知道呀！"我说："你看哲哲搭的是什么？"他转过来仔细看了看说："我也不知道她搭的是什么。""告诉你吧，我搭的是金字塔！"哲哲说。"你瞧，金字塔两边的柱子搭得一模一样呢，好看吗？"我问。"嗯，好看。"说完，他又回到了自己的座位上继续拼搭。但这次他和之前的表现明显不一样了。他开始模仿着使用对称的方法来搭建，先搭了一间类似房子的框架，然后两边摆上相同数量相同大小的三角柱。我问："你搭的什么？""我也不知道呀！"仍然是这样的回答。"那你能帮它起个名字吗？"我提示他。他想了想说："城堡。"

恩物5

分析

从整个活动过程可以看出，小豪的拼搭一开始是无意识无目的的，他只对搭的动作感兴趣，而不在乎搭出什么。他有一定的拼搭技巧，可以模仿同伴的作品进行拼搭，但仔细观察他的建构作品可以看出，所用的材料数量少，结构较简单，有点类似小班孩子的搭建水平。而哲哲则具有较高的搭建水平，掌握了娴熟的搭建技巧，思维、想象力更加丰富，建构的目的性较强，能够在心里对作品做出整体布局，讲究对称和平衡。

整个搭建过程，两个孩子都具有较好的坚持性，一直在专注于自己的搭建作品，哲哲一直专注于"金字塔"的搭建，一个作品就坚持了20分钟。她利用恩物有规律地摆高、"金字塔"旁边小三角柱的装饰，细致到每根柱子的对称、台阶的对称，都很有规划性，对活动任务保持着很强的好奇心、主动性、专注性、坚持性、解决问题的灵活性等，运用知识与技能的过程中表现出了良好的积极性。在积极探索、操作、获取学习能力的过程中体现出来良好的学习态度。从她邀请同伴来看自己的作品，并且积极主动地介绍自己作品的行为可以判断出她对自己的作品感到满意，可以看出哲哲有勇于表达自己想法的做法和表现，有充分的自豪、自信的表现。小豪从开始到结束虽然一直在不停地更换作品，但是他一直在不停地拼搭，虽然搭建时缺乏计划性，但游戏的专注性还是很高，能够专注于自己的搭建，对同伴的搭建作品感兴趣，且能够模仿同伴的搭建技巧，说明他具有一定的探究欲望。但是他的几次拼搭都不知道自己在搭什么，说明他没有目的性，只是单纯地玩游戏。

指导与跟进

每个孩子的搭建水平不一样，游戏时的表现也千差万别，教师要因材施教，给予个别化的指导和跟进，同时给予适当的指导，激发幼儿参与游戏的积极性，促进幼儿游戏水平的不断提高。

对于搭建水平较高的幼儿哲哲，可以继续投放一些立体实物模型或立体拼搭的图片，让孩子模仿着来尝试拼搭。重点指导幼儿对图片或者实物模型的细致观察，提示幼儿需要观察的重点，如图片上的作品用了几块小正方体，用了几块三角柱，有没有被遮挡的部分，遮挡了几块等等，激发幼儿继续拼搭的兴趣，发展幼儿的空间思维能力。对于一些搭建能力相对较弱的孩子，还是以自由游戏为主，可以建议他一个作品多次搭建，而不要不停地更换作品，等他能够很好地完成一个作品时，教师要给予赞赏和表扬，并且请他在同伴面前讲解自己的作品，从而增强他的自信心，激发他更积极地投入到后续的游戏活动中。

我们也可以看到小豪一直在不停地拼搭，做事情很投入，游戏的专注性也很高。而且他对同伴的搭建感兴趣，能够模仿同伴的搭建技巧，说明他具有一定的探究欲望。因此，对于小豪这样的孩子，教师在介绍活动时，一定要目的性强且能激发幼儿参与游戏的兴趣和欲望，注重幼儿自主的表达和表现。

游戏过程中，教师以支持者、合作者、帮助者和引导者的身份参与游戏，时时关注幼儿的发展需求，给予支持和引导，帮助他确立明确的活动目标，慢慢养成活动有目标、做事有规划、专心专注的良好学习习惯。

第三章

培养大班幼儿"坚持性"的研究与实践

随着年龄的增长，大班幼儿各方面表现出与中小班幼儿明显的不同：个性较为鲜明，自我意识发展迅速，情感稳定性增强，好学好问，有较强的求知欲望。一方面体现在他们的自我控制能力增强，有一定的自我约束能力，能够与同伴相互合作、愿意向同伴学习。这是他们进入小学前必须适应的。另一方面他们仍处于幼儿阶段，思维中的具体形象性思维还占主导地位，学习过程需要与具体活动相伴随。因此，他们的学习过程又必须是活动化的。活动化的共同学习也就成了大班幼儿的主要活动方式。教师在活动设计时应具有挑战性，让幼儿充分地动手动脑，如设置棋类区、探索区或竞赛性质的游戏，使幼儿能够自觉地专注于游戏，在游戏中学会遵守规则，增强规则意识，为进入小学打好基础。

可爱的孩子

发生了什么

祥祥前几天请假没来园，所以只玩过一次趣味模式，今天他选择了两星级卡片，稍有难度。祥祥刚一坐下来，他的好朋友贤贤就坐在了对面。

只见祥祥用手指点着模式卡片，点一个摆一个，嘴里念念有词地说着："蓝色、红色、红色、绿色、黄色、红色、蓝色、红色、红色……"摆完嵌板以后，祥祥指着卡片略有所思，一会儿把蓝色翻成绿色，一会儿又把前三个卡片翻成蓝、红、红，接着是绿、黄、红……祥祥看了看模板又看了看自己的嵌板，把最后的三个方片翻成了蓝、红、红。

对面的贤贤则首先把前三个方片翻成了蓝、黄、黄，接着抬头看了看模板，又连着翻了两组蓝、黄、黄。注视着最后的蓝、红、红和绿、红、红，贤贤陷入了沉思。

过了一会儿，贤贤伸出手指从头开始一边点，一边说："蓝色、黄色、黄色、蓝色、黄色、黄色……"点到红色方片的时候，贤贤很自然地翻成了黄色，点到绿色的时候又翻成了蓝色。最后贤贤的模式嵌板呈现了蓝、黄、黄的模式规律，他满意地抬起头对祥祥说："祥祥，看，我的规律是蓝、黄、黄……"

祥祥抬头看了看又低头继续自己的操作。只见祥祥用手指着蓝、红、红，边指边说，指到绿色方片的时候轻轻地翻成了蓝色，遇到黄色方片的时候停了一下，接着点到了后边的红色方片，突然把手指又移回了黄色方片果断地翻成了红色，很快后边的方片也跟着翻成了蓝、红、红……最后祥祥开心地对贤贤说："我的规律是蓝、红、红，也是 abb。"

分析

1. 对模式的理解：模式是按照一定的规则排成的序列，每一个模式结构都存在一个核心单元。从祥祥的游戏操作中，我们可以看出祥祥对核心单元有了一些理解：他首先把前边的方片翻成了蓝、红、红，又把最后的三个方片翻成了蓝、红、红。可见在他的思维里已可以识别蓝、红、红这一模式单元，只是在接下来的模式复制中出现了间断，对模式的重复性有待进一步的提升。从贤贤的游戏过程中我们可以看出，在操作的初期他的脑海中已有了一个初步的核心单元：蓝、黄、黄，所以他能连着翻出三组蓝、黄、黄，同样对于模式的规律性和重复性还需进一步地巩固。

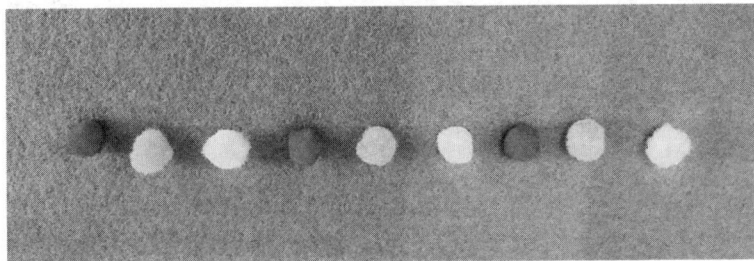

模式

2. 两个孩子在班里都属于能力中等的孩子，他们有意注意的时间长，在整个游戏过程中会有积极的思维活动，所以他们会边指边说，当对自己的操作不满意时，他们都会安静地进行积极的思维活动，直到呈现出正确的规律性，可以进一步提升孩子目测规律的能力。

3. 祥祥和贤贤都属于喜欢跟小伙伴交流、共享的孩子，当自己的操作成功了都会喜悦地跟小伙伴分享。祥祥的操作活动出现困难时并没有直接拷贝贤贤的模式类型，而是在学习的基础上有自己的想法。从这一点可以看出，祥祥在自我学习的过程中具有很好的自主性，并具有独立思考问题及解决问题的能力。

指导与跟进

在游戏中，祥祥和贤贤的专注力、积极的思维活动、善于学习的能力让我们大为赞赏，但是从操作的过程来看，我们提供的操作材料还有待调整：

1. 大班幼儿已具备了识别模式的能力，对模式的核心单元也有了初步的概念，所以我们提供的模板应该体现一定的规律性，如红、黄、黄的模式类型要呈现两组或者三组，且在后边重复时可以固定红或者黄、黄，让孩子们在识别的基础上进行填充或者扩展。

2. 星级级别有待调整，如一星级的材料以识别为主，在幼儿识别的基础上进行复制；二星级的材料以填充为主，如红、黄、蓝，红、黄、蓝，红、黄、绿，红、红、蓝，红、黄、蓝，让孩子们在识别的基础上通过翻转完成模式的填充；三星级的材料则让孩子们有创造性地呈现核心单元，从而真正理解模式的含义。

再现比萨斜塔

佳佳、超超、西西三名幼儿围着佳佳分享的比萨斜塔照片进行讨论交流，发现比萨斜塔是由于地基的原因导致建筑向一边倾斜，调动了幼儿的好奇心而想进行搭建。

搭建前，佳佳提出先画好设计图并进行绘画。她将自己画的设计图分享给伙伴，超超说佳佳画的设计图第一张没有倾斜，第二张像弯了腰的香蕉，佳佳画的建筑图并不理想。这时教师介入并进行了解后，与幼儿一起找资料，多方面、多角度（实景、卡通、手绘、书籍）进行观察研究。在此背景下开始搭建活动。

第二天，佳佳拿着新的设计图给伙伴讲解并标记了每层建筑需要的材料数量。西西马上去拿搭建材料——粗圆柱和半月板，进行实际操作。开始搭建得很顺利，搭到第 4 层时斜塔倒了。超超猜测，可能由于放积木时手脚太重了，于是他在接下来的过程中屏住呼吸轻手轻脚垒放，但斜塔还是倒了。他们向佳佳寻求帮助，最后佳佳发现问题，并向同伴解释倒塌的原因，不是放东西时的动作出现问题，而是积木本身的重量问题。

他们找来 4 种大小不同的圆柱体积木，选择短的圆柱体替换上面的粗圆柱。过了一会儿，发现短圆柱不够了，其他圆柱长短不一。这时幼儿提出不同的意见，超超说搭矮点，西西提议换成方砖……这些方法，佳佳都不赞同，她认为斜塔就是 8 层而且是圆柱体。于是他们用那些很细长的圆柱体搭第 6 层，搭好后建筑晃动得很厉害但是没有倒，佳佳果断将第 7 层换成短的圆柱体。因为顶层是钟楼所以佳佳要用细长图柱体，顶层的半月板也换成小的。最后他们终于搭建成功了，三个孩子开心地笑了，佳佳要拿纸笔画下来，而超超和西西则帮忙看护。

分析

1. 在搭建活动中，三个幼儿从探索兴趣出发，说明孩子们能与同伴一起围绕搭建的主题进行讨论，不仅促进了孩子之间的情感交流，而且提高了同伴之间的交往能力。孩子们从思考"倒下来的斜塔该怎么画"来设计图纸，到比萨斜塔的成功搭建，整个过程中佳佳处于主导地位，为同伴解答问题、设计修改图纸，以及观察思考问题，可见佳佳的生活经验比较丰富；超超和西西既能听从佳佳的讲述，也能提出改进的意见，三个好朋友既有自己的主张又能尊重别人，有合作的态度。当所提供的材料不能满足需求时，孩子们并没有放弃，而是吸取前期失败的教训，再去思考怎样解决问题，并进行尝试，体现了他们解决问题的能力。

2. 在《指南》科学发展目标中指出大班的幼儿应"能用数词描述事物或动作"。佳佳在解释图纸的过程中，能清楚地表达自己的设计意图，通过观察分析出每层往里移一点点，每层用 6 个圆柱积木搭建 8 层，提高了幼儿的语言表达能力以及观察、对比、分析能力。在搭建到 4 层高的时候，孩子们尝试了 3 次都失败了，佳佳发现了问题的所在，不是力气的问题，而是积木重了就倒了，在这个过程中幼儿进行了思考并反复尝试，总结经验，并再次尝试，体现了孩子们的自我反思能力以及问题分析及解决能力。整个探究过程中，孩子们积极主动，不怕困难，在失败中反思提升，彰显了良好的学习品质。

3. 整个游戏活动中蕴含着各领域的核心经验，如数的认知、量的比较、目测比对能力。力的平衡能力，以及基本的建构技能，如垒高、架空、围合，把平面图变成立体搭建物，足见三个孩子在大班中都处于中上水平。

指导与跟进

1. 在游戏活动中，教师一直以旁观者的身份在观察，几乎没有任何的介入与指导。这种方式给予了幼儿更多自主游戏的机会，也锻炼了幼儿独立解决问题的能力。在幼儿的自主游戏中，教师的放手往往能够成就幼儿的成长。正如斜塔的成功搭建这一实践过程中，佳佳、超超、西西虽然失败了 3 次，但是每一次的失败都会让他们从中吸取教训，整个过程中他们兴趣浓厚，没有放弃，所以静观其变，让孩子主动探究往往会绽放出最美的花朵。

2. 从今天三个孩子的表现来看，解决问题的能力、锲而不舍的精神都是我们应该给予肯定和鼓励的。特别是在 3 次失败后，佳佳竟然可以把跷跷板中力的平衡应用过来，最终解决了 "斜而不倒" 的问题，对于这样有挑战性的问题可以在最后环节进行现场分享：掌控力的平衡是斜塔成功搭建的难点，在现场可以请其他小朋友来尝试一下，这样做一方面可以让大家感受斜塔搭建的难度，为佳佳等小朋友锲而不舍的精神和解决问题的能力而产生由衷的赞叹；另一方面可以通过佳佳的分享，将这一经验进行推广，以提升全体幼儿的建构技能。同时可以把佳佳他们的建构作品和绘画图展示在作品栏，对三位小朋友的成功搭建给予肯定，并为后期其他小朋友的搭建活动提供相应的支撑。

3. 从游戏活动中可以看出，一方面，材料的准备还是比较单一的：由于是一种材质，所以孩子只关注到了粗细与重量的关系，如果有中空的材质，相信孩子们会有更多的发现。比如把重而粗的材料放在靠近中心点的位置，向外倾斜的部分放细而轻的材料，高处的月牙板可以换成轻而薄的木板，这样就可以鼓励幼儿搭建出更高、更大、更稳的作品。另一方面，情境性辅助材料也可以再丰富一些，如塑料的动植物、娃娃、玩具汽车等等都可以让斜塔作品更丰满。

4. 从案例中的斜塔作品来看，孩子们的建构技能也可以再次提升，比如用组合方式搭出门窗，呈现镶嵌技能，通过平铺搭建进入斜塔的小路，用对称的方式搭建斜塔的辅助设施，用盖顶的技能搭建塔顶等等都可以让作品更完整。

好玩的登山棋

下棋，是孩子们到了大班后特别喜欢的活动，对幼儿的成长价值也很高，棋类游戏的规则和玩法要和孩子的成长水平相适应，根据孩子的水平不断调整，以适应孩子成长的需要。近期新投入区域的"登山棋"很受孩子们的喜爱。孩子们玩登山棋有一段时间了，经过仔细观察，我发现他们对登山棋的兴趣要远远高于其他棋类，每次棋类游戏，他们都会争抢登山棋，而对于其他的棋类游戏，比如五子棋、跳棋、围棋，兴趣则明显低很多。

幼儿园棋类游戏以玩法简单易行最重要，因为3~6岁的幼儿无意注意占优势，注意力不稳定，容易分心。玩法过难，容易引起幼儿疲劳，注意力分散。简易的玩法，可以增强孩子的信心，变被动为主动，不致于因规则的复杂而使思维受阻，情绪低落。

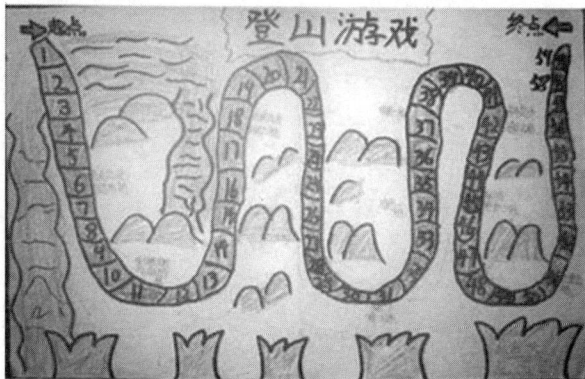

登山棋

分析

指导幼儿玩棋时要充分考虑他们的个体差异。有的幼儿思维灵活，对各种棋类规则掌握较快；有的幼儿能力差，学得慢，信心不足。教师应让幼儿根据自己的水平选择玩法，增强自信心，也可有意识地用语言、行动鼓励能力强的幼儿与能力差的幼儿同组游戏，互教互学，促进幼儿社会性发展，每个幼儿在不同水平上都得到发展。活动结束后合议看看谁是冠军，这样可以激发和保持孩子持续游戏的兴趣，体验到获得感。

指导与跟进

游戏规则要循序渐进地增加难度，如这套登山棋刚投放时，幼儿只要能正确说出数字就可以登上一个台阶。两个人比赛，胜败只差一两步，败者就有再争取胜利的劲头。在幼儿熟悉玩法后，可再提出新的、较难的规则。比如同样的登山棋，可根据骰子的数来走棋，不符合骰子的数要停走一步或说出这个数的相邻数才能登上一个台阶。总之，设计规则由简单到复杂，由易到难，灵活多变，幼儿可以根据自己的智力水平和兴趣爱好自由选择。

搭搭乐

建构活动一直是幼儿非常喜爱的活动，幼儿能够自己动手操作，不断探索发现有趣的事物，充分发挥他们的想象力与动手操作能力，而且在搭建过程中，幼儿与同伴共同合作，也能培养幼儿的合作交流能力，学习与人合作、分享经验，解决冲突和纠纷，体验创造与成功的喜悦。幼儿在运用堆高、架空、延长、拼插、围合等技能搭建各种造型的基础上，运用平衡、对称、规律排序等数学概念，发展空间想象能力和表征能力，感知建筑艺术的美。通过建构活动，幼儿在了解社区的环境设施，房屋建筑外形构造的基础上，能发挥自己的想象力，拼搭各类房屋。

在"搭搭乐"活动中，我为幼儿投放了不同形状、不同大小的瓶瓶罐罐（如奶粉罐、化妆品瓶、塑料盆）、各种拼插积木、多方渠道收集的纸杯（纸杯上色）以及经过装饰、加工成不同形状

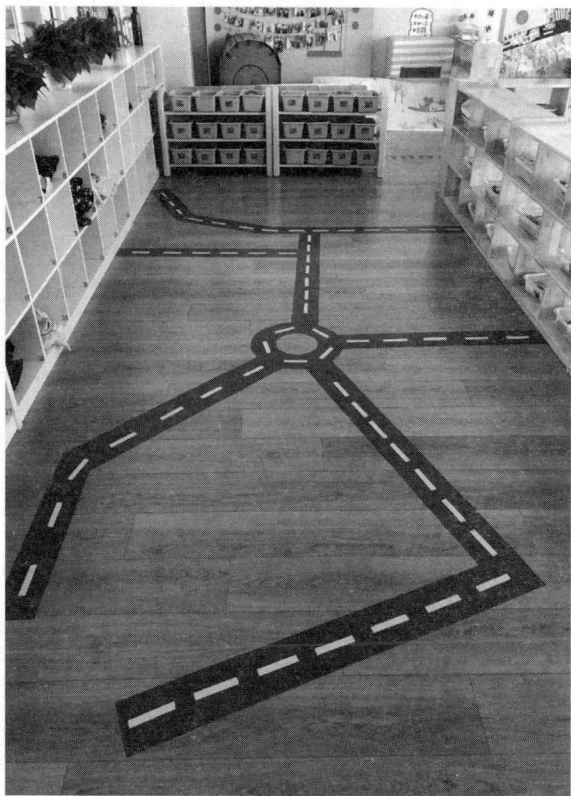

建构区

的废旧纸箱纸盒和泡沫纸板。这些材料简单易找，大部分是由家长将闲置的物品带来为幼儿的活动提供/丰富材料。积木是幼儿非常喜欢的玩具，也是对幼儿身心发展极为重要的玩具。在建构区，幼儿能够通过积木堆积、拼插、围合，运用积木搭建各种造型，逐步感知空间概念，锻炼计数和分类的能力，并有效促进大小肌肉的协调发展。

在环境创设方面，为幼儿准备了相对开放和宽阔的空间，并且铺设塑料泡沫垫子，提供多个积木柜和多个积木分类存放筐。在建构区的空余位置张贴了各种著名建筑及幼儿熟悉的家乡的建筑照片，还有各种废旧纸杯、纸箱、瓶瓶罐罐所搭建的各种造型图片，为幼儿提供灵感。

大班幼儿通过小班中班的经验积累，已经可以独立根据图片进行观察讨论，能够分析出自己所要搭建物品的特点，并且能够与同伴商量搭建的方法，初步知道合理布局，能够在活动中分工协商，运用多种方法表现斗拱反翘。

在建构区中对孩子提出要求：进入建构区，大家一起先铺地垫，然后脱掉鞋子，并且摆放整齐。接下来大家一起协商搭建内容，之后分工合作搭建，要注意不要碰到别人搭的建筑物，听到音乐结束后，穿上鞋，爱护自己和伙伴搭建的建筑物。

导入部分

教师出示模型建筑（房子、桥等）提问：你们看这是什么呀？这么漂亮的建筑都是哪里的呢？

基础部分

1. 引导语：你们看，老师在建构区给小朋友们准备了这么多可以盖房子盖桥的材料，让我们也来当个小小建筑师，搭建美丽的房子和小桥吧！

2. 幼儿自愿组合找同伴，组成自己的建筑团队。

3. 每个团队自己商量需要哪些材料，用什么材料搭建什么造型，选择搭建图，并且小团队分工要明确，分完工以后拿进区卡进入建构区。

4. 幼儿开始搭建，教师以游戏者身份进入幼儿的搭建活动，为幼儿提供帮助。

结束部分

1. 教师带领所有参与活动的幼儿分别参观每个小团队的搭建成果，并且为每个幼儿分发一个积木作为"票"，喜欢哪个作品就给这个作品投一票，但是不可以投自己的团队，投票之后说一说为什么把票投给这个团队。

2. 教师给每个团队进行点评。

在活动过程中，最开始有幼儿问我："老师，我们这是要干什么？我去过这个地方。"然后，所有的幼儿都跟着七嘴八舌地讨论起来，等幼儿平复兴奋的情绪以后，我便给小朋友提出一个任务：今天我们都是建筑师，需要组建团队盖很多的房子与桥，不过小朋友们需要自行组团，并且要团队商量合作来完成一项工程。很多孩子比平时游戏活动时兴奋得多，对分工也很感兴趣，一时间场面有些混乱，但是他们很快便恢复安静，接着便自觉地分团进入游戏中。

在活动过程中，有一个小团队利用废旧纸箱和纸杯、奶粉罐搭建的大城堡非常漂亮，我便夸了这一组的小朋友，起初其他小朋友并没有很大的反应，随后小朋友们便陆续效仿这一组的大城堡，活动中出现了很多类似的城堡，风格有些雷同，随后我便以建筑师的身份加入到幼儿的搭建过程中，引导幼儿根据自己所选择的搭建对象来进行修改，搭建符合自己团队所选择的建筑，而不是一味地去模仿别的团队。在活动中有个小男孩不跟自己的团队一起搭建，而是自己选择材料进行搭建，先是第一层用几个瓶子上面叠放了一个纸箱，纸箱上面又叠放了几个瓶子，最终瓶子支撑不住纸箱的重量很快就倒下了，这个小男孩便没有收拾东西说了一句"这么无聊"就走了。

分析

建构区是幼儿园区域活动的重要组成部分，建构游戏可以促进幼儿动手能力、审美能力、空间感知能力等方面的发展。建构游戏在不同年龄段有不同的体现。通过活动，可以发现幼儿在活动过程中很容易进入模仿状态，以及因缺乏相对应的物品而对本该感兴趣的东西失去兴趣。像上面说的这个小男孩其实平时动手操作能力很强，但就是缺乏一定的沟通能力和耐心，本来以他的动手能力与独特的思想可以与自己的团队更好的合作。当然我也应该反思：为幼儿投放的材料存在着一些不足，我们大多时候提供的是一些成品操作材料，都是四四方方的。在接下来的活动中我们应当为幼儿提供更多不同造型的物品，例如，切割成三角形的纸箱可以让幼儿用作搭建房子的房顶、将纸杯切割成像跷跷板似的物品等。另外，可以为幼儿添加吸管或者绳子等物品。幼儿在游戏活动中存在着不确定性，游戏是幼儿自由自主的活动，在今后的活动中要时刻关注幼儿的游戏过程，不断学习，敏感地发现游戏中幼儿所存在的问题，通过提问引导等方式来引发幼儿思考，促使活动能够层层递进地发展，而且在搭建过程中为幼儿准备分工表格，让幼儿能够更加明确自己的分工。同时让幼儿尝试制作图纸，记录需要的材料，逐步学会计划、设计再动手搭建。在评价环节中，要让所有幼儿参与到评价过程中，让幼儿能够在过程中发现问题，并带着问题一起讨论解决！

谁的楼房高

自主游戏开始后，燕燕来到建构区开始选材料，她大声喊着："玲玲，快来！我们用旺旺罐做高楼吧！"玲玲应声而来，并取来旺旺罐子、地垫，还有圆柱形的木质积木，两人开始了"楼房"的搭建。玲玲取来长短不一的木质积木和相同粗细的旺旺罐子作为楼房的支撑，用地垫做楼房的顶。两个孩子以前有过将圆片垒高的经验，但用旺旺罐、地垫和圆柱形积木垒高是第一次。教师的设计意图就是让孩子自由地动脑筋想办法垒高，孩子们也积极参与，还说要来一个盖大楼比赛，"看谁的楼房高"。两个孩子的楼房越垒越高，旁边的孩子发出惊叹声，也吸引了更多的孩子加入到盖大楼的行列中来。

在这时候，燕燕和玲玲的"大楼"轰然倒塌，两个孩子着急地跳起来。短暂的商量过后，她们发现先前将圆柱形木质积木

放在最下面做楼房的支撑可能不够稳。于是，她们调整了材料，将稍微矮点、粗点的旺旺罐放在下层作楼房的支撑，再从底层慢慢垒起。正在这时，燕燕移动了一下作楼板的地垫，想和下面的地垫对齐一些，但是一挪动，搭好的楼房又塌了一层，燕燕拿起地垫大喊："谁来帮帮我？"玲玲听到后拿起地垫想帮忙，但是忙中出错，整个楼都塌了，她说了句"完了！"一副很失落的样子。随后，她又自我安慰说："没关系，再来一次，再来一次就行，不要放弃。"这次她搭得格外小心，可是不幸的是，楼房再次倒塌。

两个孩子对材料再次进行了调整，将矮点、粗点的旺旺罐继续放在下层做楼房的支撑，越往上面选用越短的圆柱积木做楼房支撑，又一次从底层慢慢垒起。两个孩子全神贯注，精力集中，使得旁边的孩子都不好意思再出声。在她们的齐心协力下，楼房终于搭建成功。搭建过程中，虽然连续倒塌，但她们能耐心地观察、分析，找到不足，继续将楼建完，直至自己满意，发自内心喜悦的笑声，让每一个观看的人都被她们的喜悦所深深感染，不禁也会心一笑。

分析

1. 在这个环节中，楼房连续两次倒塌，但两个孩子并没有气馁，而是一再尝试，并反复相互鼓励，不能放弃。尤其是燕燕，平时就是一个比较有主见的小朋友，在建构区的表现令人惊喜，从一开始自己确定搭建主题，到遇到倒塌问题后的思考，让我们看到了孩子的独立自主能力，并在整个搭建过程中起到了重要作用。从搭建的作品来看，她们已经掌握了一定的搭建技巧，能够灵活使用辅助材料。面对两次失败，她们并没有放弃，整个过程中，她们反复耐心尝试，体现了较强的抗挫折能力和意志力。这种坚持、认真、专注、不放弃的学习品质值得鼓励。

2. 从两个小朋友的相处来看，她们相处得很融洽。当玲玲不小心弄倒楼房的时候，燕燕没有埋怨和指责，而是两人配合赶紧搭好。由此，她们建立起了良好的同伴关系。

3. 游戏过程中，她们一直围绕建楼房的事情专注地想办法、解决问题，没有被别的事物转移自己的注意力，体现了她们很强的目标性！

指导与跟进

1. 建构游戏要充分发挥图片的提示作用。在建构游戏中，既要给幼儿充分的想象空间，又要保证幼儿有表现的内容。这时，图片的提供就是一种隐性暗示，它既能让幼儿在建构中弥补经验的不足，又能形象直观地引发幼儿的模仿与想象，从而创新地提出他们的想法。教师给予幼儿适时地指导，能够激发他们继续参与游戏的兴趣，从而更加专心和专注。

2. 材料的多样性为游戏提供了更多的可能。材料的多样性能为幼儿的创作提供物质条件，并能激发幼儿的创作灵感。教师可以在日常教学活动中，注意收集大量的易拉罐、瓶盖、废旧纸盒等适用于搭建的多种材料，让幼儿有更多的选择，增加成功的概率，让幼儿在游戏中体会成功的乐趣，增强幼儿的自信心和自豪感，从而更加积极、专注地投入到游戏中。

有趣的科学实验

随着孩子们年龄的增大，他们对周围事物的观察水平明显提升，喜欢用自己的小手探究事物发展的秘密，喜欢说出自己发现的不同结果，有时，对于家长和教师的话还要亲自试一试才肯相信。这些都为孩子们尝试做观察记录奠定了一定的基础。孩子们非常喜欢科学活动，在孩子们与各种材料进行互动的小实验中，有一部分孩子能将自己的探索结果用各种形式表现出来，形成简单的观察记录，班级为孩子们提供了良好的展示平台，又促进了幼儿进一步积极快乐地参与其他的科学活动，形成了浓厚的科学探究氛围。

1. 活动区中应提供丰富的物质材料，激发幼儿的记录兴趣。在大班的科学活动区，我们为孩子们提供了丰富的操作材料。如，用硬纸板、回形针自制的天平、用来搭桥的塑料材质纸条，还有不同的花布、各种量杯、各种汽车模型等，看着就如同进入了一个科学王国，孩子们不知不觉中都想来试一试、做一做。同时作为教师还应尊重幼儿的生活经验及年龄特点、成长状况，最大限度地接近幼儿的"最近发展区"。大班幼儿的年龄特点决定了他们具有强烈的好奇心，喜欢操作性探究活动，但注意力持续时间较短。所以在记录的选材方面，要注意选择现象变化明显、易于观察发现、记录持续时间不需太长、且具有趣味性的科学活动。如，我们选择的"我是变色小高手"活动中，幼儿使用滴管把不同的颜料滴入水中，在片刻间惊奇地发现杯中的水变了颜色，而且不同的颜色混合会产生不同的色彩变化，这种强烈的变化，极大地激发了幼儿的记录兴趣。在"搭桥放积木"科学活动中，孩子们将纸条插放在塑料插板中，搭成了一座座不同的桥，当教师有意将鲜艳的雪花片放到不同的桥面时，结果有的桥倒了，有的雪花片平放在桥面上，孩子们你一言我一语地议论："为什么天天的桥面结实，莉莉的桥就倒了呢？"充满趣味性的挑战活动，调动了幼儿参与活动的积极性。孩子们发现桥越短，承重力越好。塑料插板越宽，上面的承重力也要好一些。教师又提出一个具有挑战性的问题，同样的塑料插板怎样拼制才能放更多的积木，孩子们很感兴趣，不停地动手实验，我鼓励他们将自己发现的差别用铅笔画出来。他们十分高兴当一个"小小的搭桥专家"，通过这种方式使记录成为幼儿自发的需要，调动了幼儿记录的积极性。

2. 注重幼儿记录的整个过程，力求尝试科学化的记录方法。有了丰富多彩的材料，有轻松愉悦的自由探索过程，孩子们才乐于在"玩中学，学中玩"。幼儿的记录活动不应只追求记录的结果，即幼儿究竟记了些什么，更重要的是让幼儿体验探究记录的方法和过程。如幼儿小实验"看看谁落得慢"中，我们准备了绳子、纸片、橡皮、棉花，将它们抛向天空，看看谁落得最慢，并将物体落下来的不同形态记录下来，并用表格的形式排列展示，孩子们在物体后面记上相对应的名次。玩了几次以后，他们纷纷将记录送给我看，我点头表示赞许。一个星期后，我更换了活动材料，发现有的孩子面对新材料很会玩，但是在记录时比较茫然，原来第一个实验是我们大家一起做的，有的幼儿带头先记录，后面的孩子就会跟着模仿，并没有通过自己的小脑袋进行思考，活动区的活动时间比较短暂，教师要巡回辅导，所以造成了很多的孩子人云亦云。遇到这种情况教师应耐心引导幼儿学会用眼观察，用心体会，把自己想说给大家听的用数字、图画，以多种形式表达出来，感受科学探究记录带给自己的快乐和成就感，努力做孩子活动的支持者和欣赏者。

"授之以鱼不如授之以渔"，其实幼儿园科学教育的目的不在于让幼儿掌握多少科学知识，而在于激发幼儿的探究兴趣，发展幼儿动手操作及探究解决问题的能力。当幼儿的操作结果与活动前的猜想记录一致时，就能给幼儿带来成功的愉悦，如果不一致也能引发幼儿进一步的探究和调整，培养幼儿尊重科学的态度，如在"融化"的探究活动中，幼儿根据他们的已有经验，事先猜想的记录是盐、白糖、果汁能融化在水中，而固体状的物体一般不能融化，我拿来了一块冰糖，请孩子们猜猜会怎样？他们展开了激烈的讨论，而当他们观察记录实际结果时，一部分孩子发现原先的猜测是错误的，孩子们惊奇于意想不到的现象，激发了他们持续探究的欲望。

3. 尊重孩子们的意愿，采用多种方式记录。在科学活动区，我们会根据主题活动、季节的变化更换不同的材料。操作材料内容丰富多彩，各有特点，因而记录方式也要力求多样化，根据科学活动的内容选择适宜的记录方式。对一些现象变化明显、记录操作时间不太久的科学活动，幼儿的记录多采用绘画形式，如在我班种植区的"黄豆宝宝发芽了"活动中，嘉嘉小朋友还给黄豆宝宝画上了小鼻子、小眼睛，可爱极了。有的小朋友采用纸工图片粘贴及实物表现等方式，还能够配上简单的文字和表格。又如在"天气预报"活动中，有的孩子绘画，有的孩子用简单的汉字表示，敏敏小朋友还从家中带来了药棉布置成了多云的画面，伟伟小朋友用半个乒乓球涂上红色表示太阳，多种记录方式体现了孩子们丰富的想象力，愿意与大家一起分享快乐。

教师要善于鼓励幼儿的个性表现，大胆挖掘孩子们的创造潜力，说不定小小发明家就会从中诞生。在我班活动区还有一些孩子们有系列观察记录本，如一些主题范围涉及较广的科学活动记录。如"我看见的大树"需要孩子们看看九月到十二月中大树的变化，并用自己的形式记录，幼儿有的请爸爸妈妈帮自己记录自己看见了树叶的变化；有的用图画的形式表现；还有的家长帮忙用树叶的标本形式展示。因为这些现象的变化都不是即时的，需要较长的时间才能完整记录下来，孩子们观察的事物不一样就显得比较零碎，所以我们将幼儿记录收集在一起，整合起来的观察记录就像一本我班幼儿自制的图书：主题一样，内容丰富，是孩子们眼中的宝贝，每当有别的老师来参观时，他们就是讲解员。我们尊重了他们的意愿，也带给了他们成功的自豪感，变化多样的记录形式也促使了班级科学活动开展得热火朝天。

4. 教师要因势利导注重幼儿记录过程的价值。科学活动区的活动丰富有趣，对于喜欢动手的孩子来说如鱼得水，但是孩子们是不一样的，胆小被动的孩子就显得弱一些了，他往往是看着你的眼神行动。这就要求教师能为幼儿的记录活动创设一个自由宽松的氛围。幼儿善于观察，对易于活动的物体比较敏感，我们要多站在幼儿的角度看问题，多鼓励和肯定，接纳幼儿不同的意见、不同的记录方式和不同的发现。如我请孩子们带来不同的电动玩具，本想教孩子认识电池并学会实际操作，结果他们对玩具玩法更感兴趣，接通电池后闪闪发光的花灯、会前后翻动的翻斗车、以及能够遥控的跑车、会爬上楼梯的企鹅等，他们玩得不亦乐乎。我临时决定请一名幼儿画一个电池宝宝，看看电池宝宝会给哪些玩具加油，马上就有很多小朋友积极参与进来。我又引导孩子们一起回忆，在生活中还有什么地方用得上电池？你们今后还要发明怎样的电池？使整个活动沿着孩子们的兴趣向上延伸发展，并及时在活动区为他们的记录提供一个大的展板。

活动重在引导幼儿互相交流，从中体验成功的喜悦，以激发幼儿记录的主动性，肯定幼儿创造性的记录方式。在指导过程中使幼儿感到：老师注重的不是活动的成败，而是记录过程的价值，使每一个幼儿喜欢观察记录，主动观察记录。

分析

教师要善于使用幼儿记录的结果，分享经验，丰富认知。中班的科学活动重在提高幼儿的动手操作能力，感知事物的不同变化，而对于大班幼儿则要求他们能进行简单的记录，也可要求孩子们在一起讨论探究，共同分享积极参与科学试验的快乐。开展记录活动不能流于形式，教师需要引导幼儿看到同伴记录中的观点和经验，避免做完记录后就束之高阁。做法有：在孩子们相互交换材料时可引导他们看看别人的记录是否和自己想的一样，为自己的试验做一个假设。如在同样的瓶中装上不同量的水，敲击的声音会有什么区别？在活动结束后，教师组织大家说说自己听到的声音有什么不一样，引导他们用准确、连贯的语言阐述自己的记录内容，同时要鼓励每位幼儿都积极参与，与大家分享成功的方法，对没有参与的孩子也要调动他们的积极性，使幼儿有充分的时间和机会去交流分享记录的成果。同时，可将记录结果布置到科学活动区，这样既肯定了他们的学习成果，又引导他们进行进一步的探究。教师也可根据记录中反映出的信息，了解幼儿的科学探究情况，帮助幼儿梳理思路，及时协助他们提升经验，进一步激发他们的记录兴趣，使教师的回应和推动建立在幼儿当前的认知水平上。

指导与跟进

其实很多的科学活动就蕴含在我们的平时生活中，科技馆之所以受到孩子们的热捧，就是因为馆里设置了类似"我是快乐小厨师""花园的秘密""神奇的动力之源""自行车安全帽"等很多的互动游戏。如果我们的活动区也能跟上时代的步伐，投入丰富的材料，那么幼儿们就能自由玩耍、探究，并能快乐地将发现的过程、结果较为具体地记录下来，这样不但能够带给孩子们成功的自豪感，还会极大地调动他们对各种科学活动的浓厚兴趣，让我们用自己的力量为孩子们搭造出科学的成长空间吧。

搭房子

　　构建区的活动一向受孩子们的欢迎，今天构建区有两组小朋友，A组2名男孩分别是泽泽、言言，B组3名女孩分别是瑶瑶、彤彤、邈邈。

　　A组：在老师还未开始介绍活动前，泽泽、言言两个孩子就已经开始选择材料准备搭建了。在引导和准备活动时，两名幼儿在老师的引导下说出了搭建的想法和见解，并选对方为合作伙伴。言言一直在说"要搭建房子"，泽泽则迅速地跑向材料区选择材料，每次都是两三块，数量不多。两人交流不多，泽泽是亲自操作摆弄，不停地搬运材料；言言是一直注意自己的建构物，偶尔看看别人的进度又继续搭建。在搭建过程中，言言看到旁边的材料盒顺手去取材料，却被旁边的泽泽说道："这是我的材料，你不准拿。"言言说："我们是合作伙伴呀。"两个小男孩都没有再争吵，又去材料区取材料。这时，泽泽也开始和言言一起去选择材料，有木质的，还有纸盒、铁罐等不同材质的，回来后两人不停尝试不同大小、不同材质的材料该如何摆放：一会叠加摆放，一会又分别拆开摆放，很快完成了主要的建筑任务。泽泽选择了四块小地垫作为海洋馆，两人又选择了海豚、章鱼等辅助材料布置其中。在最后搭建围墙的过程中，泽泽又拿了一个大纸箱和旁边的小女孩说"这是搭建围墙的"，这时言言说是车库，旁边的小女孩哈哈笑起来："哪有这么大的围墙。"

　　B组：刚开始，瑶瑶、彤彤用长方形的积木进行摆放堆积，邈邈去区角选择和搬运材料，在半路遇上别的小朋友想用一些积木，她大声地说："这是我们的，不能动。"又继续将其运送到自己的位置上。两个小朋友一起去取材料，三个人都在不停地尝试如何摆放。在摆放主体建筑时，邈邈提出，在两个长方体上加两个半圆弧形会倒掉的，她们不断地尝试，这时，老师适时介入，指导将长方体实行平放，改变摆放方式。在建构中三个小伙伴不停地交流，有很多不同的见解。其中，总是有两名伙伴不停地进行材料的取放。她们用各种颜色的塑料插塑作为花朵装饰四周，在取放材料过程中，彤彤哭了起来，没有小朋友理她，一直到结束她还在难过。

分析

1. 大班幼儿合作意识逐渐增强，但仍有自我中心意识，不愿分享。幼儿对建构兴趣极高，一般能积极主动参与，创造行为强烈，希望别人按照自己的要求去做，都想用最合适的材料搭建好的作品，所以有语言争执和不愿分享材料的现象。

2. 大班幼儿在合作中目的计划性增强，合作要求不明确，幼儿在引导和简单交流中有了一定的目的性，也有合作共建的意识，但是有些幼儿不明确如何更好地合作，有时会出现总是不停地选材料，缺少交流沟通的现象，说明要求不明确，有盲目性。

3. 大班幼儿动作灵活，但情绪和规则意识还有待提升，能够灵活地利用双手，并使用平衡、数、量知识进行搭建，情绪和规则意识不稳定，会出现矛盾、争吵和哭闹的现象。

4. 合作意识淡薄，缺乏集体合作意识，需要介入指导，如在 B 组活动中出现矛盾争端，一个小女孩哭了却没有别的小朋友主动去协助她继续合作建构。

指导与跟进

1. 材料区域空间，多提供丰富的、满足幼儿交流合作和创新的材料。保证区域活动有充足的时间和空间，如表演、美工、建构等，让孩子在交流和尝试中满足好奇心和求知欲，在交流合作中提升幼儿的合作意识和水平，摆脱以自我为中心的意识。

2. 家园互动改变幼儿"独"的成长背景，增强合作意识和机会，创造更多的互动活动，增强孩子之间的合作和交流，明确合作要求，建立健康的成长环境。如家长和孩子之间的郊游、采摘、运动会等，为孩子们的合作和交流提供更多的平台。

3. 多了解幼儿，进行有针对性的指导和教育。注重了解孩子的潜能和个别差异，能够即时根据孩子的特点和需求调整区域活动，以及介入方法和指导教育，给孩子一个自由的空间，做中教、做中学、做中求进步。

4. 扩大幼儿的知识面，增强幼儿的逻辑抽象思维。多去引导幼儿，搜集了解相关知识、扩大知识面，从而在合作中更加有自信和目的性，也能够增强交流、协商，从而在操作中发展抽象逻辑思维。

纸盒变变变

自从大班教研重点确立为"提升低结构材料在大班幼儿自主性游戏中有效使用的策略研究"后，我们就动起了"材料"的脑筋，"脑洞大开"之余，也发现了孩子们与材料发生了很多耐人寻味的故事……

问题1：一大堆操作盒怎么办？

开学初，班级里新发了一大堆操作材料盒，这些蓝色大纸盒拆也不是，堆也没处堆，老师们开始怨声载道了："教室这么小，还发那么多材料，怎么放啊？"

问题 2：每次游戏就 "一地纸盒"，看不下去怎么办？

小朋友玩纸盒玩得比较投入，并与其他低结构材料组合——系上一根绳子，居然变成空姐的 "餐车"、医生的 "救护车"；大盒子叠小盒子，变成商店的 "防盗门"；越来越多的盒子被孩子们搬到了游戏第一现场，满地盒子，不免让一向喜欢整洁有序的老师感到焦虑——啊呀，心脏不够大呀！玩得乱糟糟的，马上迎接观摩开放啦，这可怎么是好？

问题 3：有人总在材料仓库 "流连忘返" 怎么办？

自从走廊上多了一条材料仓库，很多孩子突然不愿意参与到热闹的同伴互动交往中来了，更多的是喜欢静静地长时间地待在仓库里搭搭搭、造造造，让原本希望孩子们能积极投入游戏环节的老师有些无奈，难道是材料过多惹的祸？孩子对材料摆弄的兴趣远大于对玩角色游戏的兴趣，怎么处理这其中的矛盾？

分析

纸盒在平时，就靠墙垒高，不影响幼儿日常活动，一旦做游戏，就开始大变身，有的变成 "围墙"，有的变成 "家具"，还有的成为 "警犬训练营" 里的运动器械。貌似这些纸盒低结构可变性的功能被开发得淋漓尽致；盒子够玩，但是幼儿收纳整理的习惯还是需要老师予以重视且加以培养的。所以，每次游戏结束后的分享交流环节，重点就落在了 "材料整理" 的话题上：通过幼儿互相比较、思维碰撞，讨论怎样收才能 "又快又好"。办法总比问题多。

1. 先收大东西，再收小东西。
2. 先从里面放起来，里面放满放外面。
3. 玩哪里，收哪里，客人负责收椅子。

这些朗朗上口的顺口溜，协助大班的孩子们逐步学会井井有条、物归原处，每次整理游戏玩具材料的速度也越来越快了，"忙而不乱"是我们老师追求的最高境界！

指导与跟进

我们对走廊上的材料进行归类，发现一部分是建构区的现成玩具材料，例如万能工匠、扭扭棒、积木等，还有一大部分是幼儿收集的废旧材料和自然物，例如各种瓶罐纸盒、布料报纸、毛线绳子等。这些材料可能是最近收集来的"新鲜货"，所以吸引了孩子们的目光。我们打算接下来对孩子们做一次观察和调研，了解孩子们最喜欢、花时间最长的互动材料是哪些？然后分析原因，真正了解孩子们对材料的兴趣热点，也才能对孩子游戏中"不交往行为"的现象做出准确识别和判断，并有针对性地做出调整和回应。当前，可能对孩子来说，"等待"和"观望"是一种观察引导的方式。

叶子标本

美工区里，今天要学做叶子标本，台面上摆放了湿湿的树叶和几块抹布，孩子纷纷围观，表现出极大的兴趣。由于树叶是孩子们自己从院子里捡来的，还有些泥垢在上面，所以制作标本的第一步就是把树叶擦洗干净、晾干，再进行制作。子晴小朋友从区域活动刚开始，就对老师端上来的树叶和几块抹布兴趣浓厚，一开始，她就在认真地制作树叶标本。子晴一步一步、认真地制作着，一旁的舒舒也参与了进来。但是舒舒小朋友却把树叶洗了后直接夹在了书里，我提醒她这样书会湿的，但她并没有把之前的树叶拿出来，而是重新拿了几片树叶擦干净之后夹在了书里。其实对孩子的这个举动我非常理解，因为好奇心是幼儿最大的特征，因为好奇心，孩子们发现了很多好玩的事情，也明白了很多奇妙的道理，舒舒应该是想看一看叶子湿湿地夹在书里和擦干净夹在书里有什么不同。

分析

让孩子对每一件事情保持最大的好奇是幼儿园老师最重要也是最容易被忽视的工作。虽然老师提醒了，但舒舒没有把已经湿漉漉的叶子拿出来擦干净，也便没有强求，但是对她重新做的标本给予了肯定和鼓励，孩子看起来也很高兴，同时也充满期待，因为我告诉她，这两种做法，肯定有一种是不正确的，会导致树叶发霉，时间一长就会见分晓。我很庆幸自己没有硬让舒舒把第一次做的标本拿出来重做，当我管住了自己的嘴和"蠢蠢欲动"的权威后，我看到了孩子那期待的眼神。

指导与跟进

我和舒舒将两种树叶标本放在阳台，约好一周后一起来看看。一周后，我们如约而至，果不其然，湿树叶做成的标本发霉了。舒舒露出惊讶的表情："老师，你好厉害啊！"游戏过程中，幼儿打破常规，创造性地采用湿树叶作标本，虽然在成人看来不可思议，但幼儿表现出的充满好奇、积极探索的良好学习品质，却是每位教师应该保护和支持的，更应该学会以欣赏的眼光鼓励幼儿。

树叶装扮

今天的活动是用树叶做装扮，并展示装扮成果。做好活动准备后，第一组有5个小姑娘参与树叶装扮的活动。我大致讲解了两种树叶连接的方法：系住叶柄将树叶固定，或在树叶上打个小洞将树叶穿过。5个小姑娘全部采用了第二种比较简单的方法，活动时间即将结束，只有3个小朋友完成了任务。我们开始进行表演，孩子们的展示欲望还是很强烈的。她们的模特秀表演虽然时间短点，还是很精彩的。第二组活动最初只吸引了淼淼，在我的反复鼓励下，还是没有人参加。于是，我简短地跟淼淼介绍了方法后，开始跟她一起制作树叶装饰，很快完成一个，我戴在了身上，展示给所有孩子看，这下吸引过来很多小朋友要求制作树叶装饰，包括一个男孩子。这组孩子因为看过老师的作品展示，制作要细致得多，有两个用了系住叶柄的方式，做得很精致，用时也较长。在最后表演展示时，吸引了很多孩子前来观看，她们的表演更卖力了。

分析

每个孩子性格有所差异，在制作时有的孩子采用了更快捷的方法，她们很想快速戴上自己的作品，性格比较活泼、急躁，这部分孩子制作得也比较快，表演非常放得开。第二批孩子是被老师的示范吸引过来的，所以更力求完美，表演时更自信。

我没有在制作方法上做过多的指导，因为制作方法比较简单，而且我认为，孩子们在第一次制作后，会总结经验，进而更加力求完美。第二组原先选择这个活动的孩子很少，因为孩子们对这个活动不够了解，所以我迅速制作出一个样本，用于帮助孩子了解，从而吸引孩子前来，效果还是不错的。

　　区域活动应当是最能让孩子放开的活动，应该给孩子充足的时间和充分的自由，尽可能满足不同性格、不同特点孩子的需求。比如这次区域活动，孩子要自己制作，然后再进行表演展示。这个活动包括了美工和表演，孩子在制作时满心渴望着表演时的展示，所以即使这个活动时间较长，孩子也会很有耐心，很愿意完成。而第二组只有一个孩子选择的情况也会时有发生，这种情况应当考虑到应急措施可能会占用的时间。比如我用了老师示范，那么这个时间是孩子整理自己原来玩玩具的时间，第二次讲解制作方法的时间，使原本就已经有限的活动时间更紧张了。但是，孩子们的活动热情始终很高，因为这是他们从内心想要做的事情，我希望能够给区域活动更多的时间，给孩子们更多耐心以完成一件事情。

合格的售票员

　　源源是个活泼爱动的孩子，但做事情没有耐心，参加好多活动都是虎头蛇尾，刚开始兴致勃勃，很快就跑到别处玩了。今天区域活动时，她对我说："老师，我想当售票员。"我灵机一动，这是培养她坚持性的好机会，就对她说："售货员要坚守岗位，无论有没有游客都要坚守在岗位上，不可以溜岗噢，你能做到吗？"她肯定地说："能！"说完，还调皮地做了个敬礼的动作。源源开心地投入到游戏中去，只见她麻利地把刷卡机弄好，并提醒观看的游客刷卡或者投币买票，并在路途中随时提醒观众："观看节目不要吸烟，保持安静！"像模像样，认真、专注。

整个游戏过程，源源一直站在门口卖票，没有乱走，即使没有观众买票，她也坚守岗位，没有离开。我看在眼里乐在心里。当我假装路过的时候，她说："老师，你进去看节目吧！可好看了！"我装出很着急的样子问："我没有票怎么看呢？""你刚才批准我当售票员，为了感谢你，我免费送你一张票。"我们都哈哈大笑起来。

分析

每个孩子都有不足，教师应挖掘孩子的兴趣点，并及时抓住时机，有针对性地给孩子创设机会，让他以热情的态度参与到游戏中，激发孩子天性中认真、专注的潜能，利用孩子喜欢的角色扮演的方式巩固孩子的积极表现，并加以表扬和鼓励。源源虽然好动、容易转移注意力，可是今天她在自己的岗位上寸步不离，坚守岗位，是真正地融入到了角色当中，整个过程中她积极主动，认真专注，主动调动以往的生活经验，并运用到游戏活动中，表现出良好的学习品质。

指导与跟进

环境是一本无字书，对幼儿的成长起着润物无声的作用。在幼儿园一日生活中，教师不仅要创设温馨、和谐的班级环境，还要与幼儿建立起亲密无间的师幼关系，让幼儿有足够的舒适感和安全感，创造机会激发幼儿的学习兴趣。人们常说："兴趣是最好的老师。"这位"老师"会带领幼儿主动探索未知的世界。作为教师，既要重视幼儿学习兴趣的发现、培养、保护和引导，又要在激发兴趣的基础上，培养他的专注力。如果说兴趣是学习的前提，那么专注力就是学习的保障。教师可以通过为幼儿创设多种形式的游戏活动，在激发兴趣的基础上，培养专注力。教师可以通过引导幼儿玩拼图、找不同、走迷宫、下跳棋等游戏来培养幼儿的专注力与观察力。

好玩的七巧板

恩恩一进游戏区，就选择了新投放的七巧板拼图开始拼起来。孩子们在拼摆自己喜欢的造型时，一般能够认真、专注地观察范例或者自己构想，积极性都很高。所以，我并没有过多地干涉和参与，孩子们乐在其中。很快，恩恩就把简单的图片，如天鹅、小鱼、机器人拼了出来，紧接着他开始挑战有难度的拼图，复杂的拼图不由使恩恩皱起眉头来，左试试、右转转都不对，急得他直抓头。我走到他身边，悄悄地说："你转转七巧板再试试。"只见他把七巧板转来转去，这时在一旁观察的岗岗兴奋地叫起来："应该放在这，你看你看！"边说边帮恩恩把一块七巧板放在了合适的地方，两个孩子击掌庆祝，我也竖起了大拇指。淼淼进区后选择了大块七巧板拼图，他很迅速地按照某种模型拼搭起来，拼完后，她左看右看总觉得不够理想，便拿起了其他拼图，但想了半天也没有找到合适的安装位置，于是靠近范例，仔细观察，还把手中的板子转来转去，寻找最佳的角度，终于找到了对应的地方。当结束音乐响起来的时候，淼淼看了看没有拼摆完的七巧板拼图，恋恋不舍地放回了原处。

分析

大班的幼儿对于简单的七巧板拼图的兴趣已经淡化，开始喜欢数量较多、有挑战性的拼图，但在整个拼图过程中，不能保持持久性，拼不出来就放弃的现象时有发生。这说明教师对于幼儿的年龄特点和认知水平了解还不透彻，目标过高，导致幼儿"跳起来也没有摘到苹果"，从而使幼儿失去了对七巧板拼图的兴趣。于是，我改变了材料，投放了多套七巧板拼图，既有大小的不同，又有多少的差异，难度也是由易到难，并对已投放的拼法增添标记，使不同能力的幼儿都得到了发展：大多数幼儿能通过观察、操作、互相交流等方式完成拼图；能力强的幼儿则根据已有经验完成一部分拼图内容后，再根据教师提供的拼图提示标记完成图形的拼摆，真正做到根据幼儿不同的发展水平投放区域材料。

指导与跟进

七巧板是孩子们很喜欢的玩具，经常可以看到幼儿在课间跑到区域里拼摆。教师要及时关注幼儿七巧板的拼摆情况，根据幼儿游戏情况，随时添加或者调整游戏材料，既满足大部分幼儿对游戏的需求，吸引他们进行游戏，也要适当增加有难度的图形范例，激发幼儿积极探索的良好学习习惯。在幼儿游戏的过程中，我还发现：孩子们拿到七巧板一般会"哗啦"一下全倒出来，忽略了七巧板完整的造型，在最后整理时，则出现手忙脚乱整理不到盒子里的现象。不过这也是一个锻炼孩子动脑的机会，在最后整理时，我提醒幼儿先固定两三个小板块的摆放位置，鼓励孩子们根据图示摆放其他几块，在这样的引导下，孩子们都能放好其他的。然后我要求孩子将摆放好的七巧板倒出，重新摆放，看他们是否真的会了。果然，有的孩子还是有些不知所措，但在其他小朋友的提醒下还是能够顺利地摆放成功。教师要密切关注幼儿的游戏情况，既管住嘴、管住手，不多干预；但当幼儿游戏遇到"瓶颈"时，也要及时、有效介入，给予必要的帮助、支持和引导，重新调动幼儿游戏的积极性，促进游戏的持续推进。

我不会跳绳

升入大班后，为了加强孩子们的身体素质，提高幼儿身体协调性及跳跃能力，我们利用晨间、户外等多种形式引导幼儿学习跳绳。老师先向幼儿讲解并示范跳绳要领，然后孩子们四散开去练习跳绳。大部分孩子都在认真地练习，只有昊昊小朋友蹲在地上整理着坏了的跳绳，连续几天，我发现他一直没有跳过绳，于是提醒他去跳，但他摇摇头说："我来整理跳绳吧，太乱了。"在老师的反复催促下，昊昊才勉强拿起跳绳，跳了几下，由于一直没练习，他根本不会跳。于是，没过多久昊昊小朋友跳绳的兴趣便逐渐减弱，一会开始晃绳，一会儿跑来跑去，再后来就干脆坐在地上。看到这种情况，我便亲自上前教他跳，但是刚跳几下昊昊注意力马上又转移了。我问他为什么不跳了，他说："太难了！我不会！"

分析

分析昊昊小朋友的表现，我发现，由于小朋友身体有些胖，平时活动一会儿就累得不行，更别说是消耗体力的跳绳了。所以昊昊稍微跳一会，就会感觉特别累，再加上动作的协调性还不够，坚持力和耐力还有待进一步提高，很快他就对单一的跳绳动作失去了兴趣。这样下去，昊昊不但学不会跳绳，而且会产生抵触心理，这样，想要他学好跳绳就更加困难了。

指导与跟进

根据这些情况，我采取了以下措施：

1. 为了激发幼儿兴趣，教师亲自示范花样跳绳，绳子在老师手中上下翻飞，引发了幼儿的好奇心和兴趣，以及学习跳绳的强烈愿望。

2. 与家长进行了沟通，请家长为孩子购买两根绳子，一根放在家中练习，另一根带到幼儿园练习。跳绳成了孩子们在幼儿园中最常见的运动项目。

3. 引导他们充分发挥想象，尽情体验一物多玩的乐趣。组织幼儿自主探索玩法，认真发现并提炼出幼儿想出、做出的好玩法，让幼儿在愉快的气氛中，探索出绳子的不同玩法。如在练习过程中，我问孩子们："最难的玩法其实就是跳绳了。跳绳时应该怎样做才能连续跳起来呢？"孩子们一起探索，总结出了动作要领：跳的过程中要先抡绳子，后起跳，跳完接着再抡绳子、再跳！孩子们边说，边自己尝试起来。活动中，对能力强的幼儿，要及时给予肯定，提出更高要求，使他们突破自我；对能力弱的幼儿，要耐心帮助他们从基础做起，给他信心，因材施教，找到适合每个幼儿特点的方法，培养他们遇到困难不退缩，专心专注学习的良好品质。

折纸电话

这天，区域游戏是玩美工折纸，我教孩子们玩折纸电话。我首先引导孩子们看折纸图，自由探索折纸方法，孩子们看着折纸步骤，自己尝试用彩纸学习折纸。接下来播放课件，把折纸步骤拍摄下来，供孩子们直观观看、学习。播放视频的过程中，我引导孩子仔细观看，电话是如何折成的。在演示的时候，伊伊一直在小声哼唱，东张西望，等视频播放完，孩子们自己动手折纸的时候，她不会折只能拿着纸翻来覆去，看看左右的小朋友，最后无奈地趴到桌子上。看到这种情况，我走到伊伊旁边，悄悄对她说："你是不是没看懂刚才的视频啊？"她不好意思地点了点头，我说："现在我把折纸的步骤投放在大屏幕上，你再仔细看看吧。"她使劲点了点头。这次伊伊专心地观看着，跟着视频一步步练习起来。遇到困难时，还主动请教旁边的朋友，盈盈见伊伊不会了，说："来，我教你。"盈盈手把手地教伊伊，伊伊手也扶着纸认真地看着，没有了先前那种心不在焉的神态，积极投入到折纸活动中。

有的孩子可能不太记得怎么做了，就跑到电视前面去看，有的干脆搬起小椅子到电视面前对照着图形指示认真地折起来。有的说喜欢裙子，就跑到前面来看裙子是怎么折的。小彤是第一个折好的，她开心地拿给大家看，她没有折衣服，而是折了一个裤子。我问她："你怎么会折裤子的？"她自豪地说，是妈妈教给她的。折好裤子后，小彤又拿起一张纸折起衣服来，边折边说："我还会折衣服呢。"浩浩不会折，刚开始手托着下巴坐在那里，后来离开小椅子，到处找人帮忙。盈盈见了，说："来，我教你。"先折好的孩子就在教不会折的孩子，其他孩子则认真地进行折纸活动。舒舒是个注意力高度集中的孩子，她很认真地看着我的演示，自己动手时很顺利地就折好了。很快，好多孩子完成了衣服折纸制作，又开始给衣服涂漂亮的颜色。

分析

学前儿童的注意力和心理过程是不可分割的，它对幼儿的心理发展有重要的影响。注意力与学前儿童记忆也有着密切的关系：折纸是一项记忆性很强的活动，教师示范时，需要幼儿集中注意力并且记住每一个环节，注意使感知的信息进入长时记忆系统；教师要注意发展水平低的儿童，其记忆发展水平也低。

3~6岁幼儿注意的特点是无意注意占优势地位，有意注意处于发展的初级阶段，水平低、稳定性差，而且依赖成人的管理与指导。教师要根据孩子的年龄特点，关注注意力容易分散的孩子，及时介入孩子的游戏活动给予适当的引导，帮助幼儿明确注意的目的和任务，产生有意注意的动机，即自觉地有目的地控制自己的注意力，并且用意志努力去保持注意。

指导与跟进

幼儿的学习活动在任何时候都有可能发生，如同伴学习、亲子学习，而且亲子学习和同伴学习相比从教师那里的学习来得更加自然、快速、有效。当老师布置的任务遇到困难了，向同伴学习；在家向家长学习；在社会活动中，向同龄人学习。在以上的折纸活动中幼儿互相帮助、互相学习，顺利地完成了折纸任务。大部分孩子就只是完成了老师教的折衣服，少部分人主动创新折衣服、裙子等。这也是可以引导幼儿开拓思路、持续创新的一个点。

陈鹤琴在"儿童教儿童"教育原则中提出："让幼儿教幼儿更能使幼儿接受，因为幼儿了解幼儿的程度比成人了解的更为深刻。"因此，教师应该创造宽松的学习环境，鼓励幼儿之间相互学习，以更好地提高幼儿的水平。同时增强家园共育，幼儿的年龄特点决定了影响其发展最主要的环境是幼儿园和家庭，而家长和教师分别是这两大环境的施教者。家长虽然不是专业的教育工作者，但是对孩子身体力行地教育和耳濡目染的影响却远胜于老师。因此，家长在平时的生活中适当地教给孩子一些小技能，孩子学会了，在教同伴的过程中也增强自信。

自制图书——冬天里的动物

孩子们特别喜欢小动物，前几天学习了故事《冬天里的动物》，所以今天准备以"冬天的小动物"为主题让孩子自制图书。由于孩子们只是通过故事简单了解了几种动物的生活方式，所以他们开始制作时，有点无从下手，有的孩子甚至没有画冬天的小动物，而是自由发挥，画起了自己喜欢的东西。教师及时为孩子们提供了冬天动物的图片，引导幼儿看看、说说冬天有哪些动物，它们是什么样子的，它们是怎样过冬的？有了这些前期经验，幼儿的兴趣被调动了起来。我和幼儿商量好回家继续搜集关于冬天动物的图书，下次再进行自制图书活动。

分析

利用幼儿感兴趣的事物进行活动是比较理想的，兴趣是最好的老师，感兴趣了才不会厌烦，才会积极地完成，但是仅有兴趣是不足以支持孩子完成任务的。图书的制作并不是马上就能完成的，而是需要一定的耐心和技巧，所以要想让孩子制作关于动物的画册，就要让孩子喜欢上动物，通过多种方式了解、熟悉动物，才能为自制图书做好充分的前期准备。五六岁的孩子基本都喜欢动物，关键要看教师怎样引导。教师可以选一些孩子关注或熟悉的兴趣点打开切口，效果会更好。美术活动要以科学探索为基础，在幼儿的探索过程中，可以提供一些故事录音、图片、书籍等相关知识材料，在开始时设置一个自由宽松的、能让幼儿自己探索获得知识的环境。在这样的环境中，能激发幼儿的学习兴趣，使幼儿自然地习得知识，通过接下来激烈的讨论过程，幼儿的相关经验也会更加丰富，同时也增强了幼儿制作时的自信心。例如，冬天里的小松鼠、小青蛙，这些是孩子喜欢的小动物，也比较有代表性，可以先让孩子们说一说，这些小动物是怎样过冬的，也可以让孩子们表演一下。同时，教师和幼儿集体制作图书既在一定程度上引发了幼儿对制作的兴趣，提高了制作的能力，也进一步促进了幼儿的阅读能力。

指导与跟进

在共同制作图书的过程中，幼儿和同伴商量图书的文字表述、画面绘制、页码安排，乃至封面、封底的设计等，一系列的环节都是在有效的互动合作中完成的。他们学会合作、学会交流、学会分享，并在与同伴的互动交流中获得自信和快乐。这个过程进一步提高了幼儿自主阅读的能力，因为在合作制作过程中不仅要介绍自己的资料，还要听同伴介绍，在听听讲讲中他们会很自然地去阅读，主动地投入活动之中，自然而然地带动了分享和阅读。同时我们也看到，由于时间和空间的限制，每位幼儿不可能都能得到均衡的发展，而幼儿能力的强弱也是有差异的，所以应充分挖掘家长的潜能，将阅读延伸到家庭中，利用家长资源亲子共同制作图书，亲子共同分享阅读、制作的过程，既密切了亲子关系，也推动了每个家庭对阅读的兴趣和关注度。

系鞋带

现代快捷化的生活方式，致使幼儿穿有鞋带的鞋子的机会较少，因此对于系鞋带这项技能往往容易被忽略。《3~6 岁儿童学习与发展指南》健康领域中，要求大班孩子要会自己系鞋带，鼓励幼儿在看懂系鞋带的步骤图的过程中逐步学会这项技能。学习系鞋带对幼儿来说是一项比较困难而又近乎枯燥的活动内容。为了鼓励幼儿主动地参与到这项活动中去，在投放材料初期，先向孩子们介绍学习系鞋带的重要性，同时，教师在示范时，结合有趣的儿歌（两个好朋友，拉拉手钻洞洞，你弯腰我弯腰，再来钻个大洞洞），不仅能激发孩子们学习的兴趣，还能帮助孩子理解方法，为掌握系鞋带技能做好准备。

很多孩子喜欢这个活动，都尝试着系鞋带。小瑞也来到了美工区，但他很着急，不知道从哪里下手。他拿着鞋带左看看、右看看："老师，我不会，你来帮帮我吧！"教师握住小瑞的手，一步步教给他。小瑞非常吃力，终于完成了第一步，系上了一个扣。但在学习第二个节的打法时，小瑞又遇到了困难，多数没有成功，他常会看着系鞋带的板子叹气，当我问他有什么想法时，他说："这真的太难了！"但是，琳琳却较好地系好了鞋带。于是，我就请她给小朋友介绍经验，琳琳说："我开始学的时候也觉得挺难的，但我先仔细看步骤图，再慢慢地练一练，回到家我还请爸爸妈妈帮助我一起学，慢慢我就学会了，我还会帮爸爸妈妈系鞋带呢。"

分析

孩子动作灵巧不是天生的，而是在许多操作、实践活动中培养起来的。陶行知先生提出要"解放孩子的双手"，培养孩子的动手操作能力，会使孩子的思维更灵活。教师要提供丰富的材料，激发幼儿动手的欲望。及时的观察、鼓励、指导和评价，直接影响着孩子们学习的效果，在评价的环节可以让没有成功的孩子说说自己的困惑，让成功的孩子介绍自己的经验，让孩子们在相互交流中去体验、去尝试，逐渐向成功迈进。在评价环节我还表扬了获得成功的孩子系鞋带时的专心与持之以恒。通过自己努力成功学会系鞋带的孩子一脸的成就感，反映了孩子能做到不会的愿意学、遇到困难不轻易放弃的好品质。

指导与跟进

为了让更多的孩子学会系鞋带，我提供了更多的机会让孩子互帮互助，学会的孩子教一教还不会的。为了预防孩子久不成功产生厌烦情绪，可以改变思路，来点花样，让幼儿试着系蝴蝶结。在经过一周的充分观察孩子们系蝴蝶结的细节后，让不同系法的几名孩子来演示，大家观察讨论哪种方法又简单又牢固，哪种最省时？这是让孩子在与材料及同伴的相互作用中，互相同化和接纳外界信息的过程。同时这里也采用了自然后果法（在系的过程中绳子只"打叉没钻洞"就不会成功），这样孩子就体验到难点是什么，具体方法怎样了。而且在这一过程中，孩子们尝试以个人体验的形式学习初步地比较事物，是孩子主动建构知识的重要经历。在积累系蝴蝶结的经验基础上，让幼儿学习自己穿鞋并系鞋带，使活动应用于日常生活中，因为穿鞋系鞋带对孩子来说是经常性的重复动作，养成习惯需要孩子们的一贯坚持。

幼儿对一件事情的兴趣保持时间往往不长，也容易在困难面前退缩，这时，教师的引导非常重要。一次区域活动的结束，不是目的所在，在孩子们积极探索的过程中，建立对自己能力的充分肯定——"我能行"！这种自信的建立将帮助孩子们摆脱依赖，走向独立。只有这样，孩子们才能真正实现"学会生活""学会生存"。

神奇的静电

在孩子们的世界中，有很多让他们感兴趣的现象，他们好奇心强，喜欢刨根问底，总想弄个明白。一天，要外出活动时，豆豆准备穿他的毛衣，却"啪"一下被静电电了，孩子们开始叽叽喳喳地议论起来。"刚刚我被电到啦，是静电。""我知道我知道，这就是静电，爸爸经常说，秋天、冬天天气干燥，就会有静电啦。""我开门的时候，门把手上也有静电，我也被电到过"……他们一边穿衣服一边说笑着，引来更多小朋友好奇的眼神。发现他们对于这个现象非常感兴趣，我便问道："你们都遇到过这样的静电吗？""我遇到过，我梳头发的时候，头发会竖起来，那就是静电。"于是，"找找静电在哪里"的活动，就这样产生了。

静电在哪里？

什么地方有静电呢？琪琪说："我家电脑上就有静电，我都听到响声了。"宇宇说："有一次，我和妈妈坐公交车，妈妈拉我手的时候就被电到了。"妙妙说："妈妈的头发被'烫'过，她梳头发的时候静电特别多。她的头发都竖起来啦！直直的，用手一抓，全都贴在我手上了。"豆豆说："我有一次要开车门，就被电到过。""我有一次要捋一下头发，结果自己把自己给电到啦。"小琦说："被子上面也有，今天妈妈说叠被子时'啪啪'响过两次。""对啦，对啦，叠被子的时候有静电，盖被子睡觉的时候也有静电。"桐桐补充道。聪明的小培说："滑梯上有静电，防盗门上有静电，玩具上面有静电，杯子上面都有静电。"

没想到孩子们对于静电的经验如此丰富。我问孩子们："你们想学习关于静电的知识吗？"小虎说："静电是怎样产生的呢？"琪琪问："老师，怎样才能让静电消失呢？每次被电到都会吓一跳。"子桓说："老师，到了晚上，关上灯，脱毛衣的时候，使劲揉毛衣，会看到很多啪啪啪啪啪的电火花，怎么会有那么多的电呢？会着火吗？"东东说："老师，我从来都没有遇到过静电，那又是怎么回事呢？"瑞瑞抢着说："还有还有，老师，我们怎么才能做到想要的时候让它出来，不想要的时候让它消失呢？"金豆说："老师，有时候我开门会有静电，有时候没有，这是怎么回事？"

孩子们的好奇心被一下子打开了，他们七嘴八舌地提出了很多问题。我告诉他们："小朋友们，你们问的这些问题，我们要想办法找到答案才可以呀。大家开动脑筋想一想，我们要怎么做，才能知道静电是怎么来的呢？"听到我的话孩子们开始认真思考起来，金豆说："我们可以在书上查找，《十万个为什么》里面肯定会有。"瑞瑞说："我们可以去网上查找，百度一下，想知道的事情都能知道。"琪琪说:"我爸爸是高中老师,他知道的可多啦,我去问他。"听到孩子们想出这么多的办法,我肯定并鼓励他们按照自己的办法去尝试解决问题,寻找答案。

孩子们在通过各种渠道得到了自己的答案后,兴冲冲地来到我跟前,说:"老师,我找到答案啦,我知道哪里有静电。干燥的地方有静电,潮湿的地方就没有静电。"金豆说:"头发比较干燥,有静电,洗了头发,头发湿湿的就没有静电啦。"琪琪说:"老师开门的时候,先用手指弹一下门把手,然后再开,就不会电到自己了。"看到孩子们对静电越来越感兴趣,我便组织了一节活动课"摩擦起电"。

活动中,教师带着孩子们一起做了小实验"摩擦起电",孩子们拿着干布和吸管,来回摩擦,摩擦后去吸自己的头发,头发便吸在吸管上啦!还有小朋友说:"可以拿气球和尺子相互摩擦,这样气球和尺子就都有静电啦;也可以把气球在身上摩擦,气球和衣服就都有静电啦。"孩子们按照这样的方法开始实验。五六个小朋友一起拿着气球,使劲地在衣服上、头发上来回摩擦再去吸桌子上的彩色纸屑,并热烈地讨论着,天天一边吸一边问:"怎样才能知道哪种材料最容易摩擦起电呢?"我肯定了天天的想法,并集合大家一起来讨论这个问题。我把孩子们想到的物品一一找来,并对他们说:"我们首先设计一个表格,然后猜猜看,把猜想的结果记下来。"

接下来进行实验,尝试哪种材料最容易摩擦起电可以让头发飞起来,并把结果记录下来,最后我们把猜想和实验结果进行对比。经过几天的反复实验,孩子们归纳出气球、尺子、塑料的玩具等经过摩擦可以让头发飞起来。

幼儿在选择材料实验的过程中巩固了对静电的理解,他们发现气球摩擦后可以吸在墙上,于是又有了新的探索问题,静电能消失吗?怎么做会让静电消失?天天告诉我们:"可以用喷壶向周围喷洒水雾,让空气变得潮湿,消除静电。"小虎说:"去除静电的专用洗衣液可以消除静电。"瑶瑶说:"往手上哈气之后再去开门,门把手上就没有静电了,也可以在手上多擦一些护手霜。"孩子们交流自己的发现和小经验,滔滔不绝。

延伸活动:经过一段时间的探索尝试,孩子们产生了新的问题,寻找带电物品、发现电的用处等活动也随之开展,为幼儿的继续探索提供了支持。

分析

生活中存在许多有趣的现象吸引着幼儿,激发起他们的探索欲望。教师要善于发现这些有趣的现象,让幼儿运用各种感官进行探究,在活动中获取知识和经验,体验发现的乐趣。

指导与跟进

幼儿天生喜欢探索,对周围世界充满了好奇。作为教师,应尊重幼儿的兴趣,耐心倾听幼儿的发现,为他们的主动探索提供支持,并关注他们感兴趣的事物,形成连续性探究。

小小银行家

区域活动开始了,今天角色区孩子们玩的是"小小银行家"的游戏。我给他们提供了做游戏用的"银行卡"和"钱",扮顾客的孩子拿到银行卡后,就在银行游戏区排起了队。游戏一开始,孩子们都想做取钱的顾客,导致取钱的柜台非常忙。而存钱的营业员没事做,由于没有人来存钱,扮演营业员的小朋友也纷纷转到取钱的窗口玩。这时，我看到浩浩依然坚守在存钱的营业员的岗位上，一直翘首企盼，等待顾客光临。我拿起一张银行卡和几张钱，走过去说："你好，我想把这些钱存到银行里，请你帮我存起来吧？"浩浩高兴地接过钱，认真地当起了小小营业员，不断询问我："你存多少钱？存多长时间？"有模有样。有的孩子看到我来存钱，也纷纷跟过来，浩浩的业务忙了起来，不一会儿，存钱的人越来越多，浩浩露出了开心的笑容。

分析

1. 每个孩子都有自己的闪光点，当大部分孩子都凑热闹去做取钱的顾客时，其他的营业员小朋友见状也"转行"去干别的事情了，但浩浩依然坚守自己的岗位，履行自己营业员的职责。由此可以看出，浩浩在整个过程中积极主动，做事有较强的目标性和坚持不懈的良好行为品质。

2. 教师要做幼儿游戏的支持者和引导者，适时地介入，促进游戏的持续开展。教师可以在日常的活动中，或者是游戏后，请孩子们分享和交流自己游戏过程中的想法和感受。对浩浩坚守岗位的做法，给予肯定和鼓励，以影响和带动其他幼儿。同时，在游戏活动中对幼儿更信任、更放手，让他们充分去展现和表达，从而得到更充分的发展。

反思与跟进

1. 区域活动是幼儿最喜欢和最快乐的活动，孩子们在区域里自主、自愿选择自己喜欢的角色进行扮演，展现出孩子们内心真实的想法。教师要把握时机，采取合理的方式，巧妙地介入。但有时候还是需要教师耐心等待，仔细观察，放手让孩子自由发挥，让孩子有足够的时间和空间发展属于他们自己的游戏情节。

2. 当幼儿在游戏中遇到问题时，教师和孩子要共同想办法，在需要的时候调整游戏场地、人员分配，以帮助幼儿调整思路，有利于他们更加顺利地开展游戏。教师还要为幼儿提供各种辅助材料来促进游戏的持续开展，在处理游戏中出现的问题时，幼儿的解决问题能力、合作能力及创造力都会得到发展和提高。

第四章

幼儿日常生活中"坚持性"的研究与实践

陶行知提出"生活即教育"的教育思想体系。在陶行知看来，教育和生活是同一过程，教育蕴含于生活，教育必须和生活结合起来才能产生效果。一个人要保持注意力高度集中是很不容易的，如果有干扰，注意力将会受到严重影响。比如，你在做作业时，旁边有人在打扑克，你就会分散注意力，然而正因为有干扰、有难度，才能在人为设置的更困难更复杂的情境中，训练注意力的高度集中。教师和家长要充分利用日常生活中的各环节，抓住教育契机，选取幼儿喜欢的多种形式培养他们的专注、主动探索、获取知识、克服困难、持久性等意志品质。

在日常生活中，从最简单的事情开始，有意识地向幼儿布置一些任务，然后再逐渐增加任务的复杂性和难度，并对幼儿每次的完成情况进行客观的评价。这样坚持训练下来，必定会大大增强幼儿完成任务的积极性和责任感，也会帮助他们养成做事有始有终的好习惯。有良好习惯的儿童应该是一个"愉快""大胆""自信""乐于交往""不怕困难"的幼儿。在提倡素质教育的今天，良好的行为习惯，不仅有利于幼儿的身心健康，对幼儿未来的发展也起着至关重要的作用。

香蕉转转转

小班孩子来幼儿园已经一个多月了，从最初的哭闹不肯来园，到现在每天高高兴兴来园，自己吃饭，自己穿脱衣服，自己午睡，自己尝试着做各种各样的事情，他们在不断适应新的环境。孩子自身蕴含的能量，其实是我们每个大人所意想不到的。可最近，孩子们吃水果时的一个现象，引起了我的关注。

今天吃的水果是香蕉，孩子们来到水果前，纷纷停住脚步。我仔细观察了一下：原来是厚厚的香蕉根连在一起，想掰下香蕉有难度，任凭孩子们再怎么用力都无济于事。这是个好机会，我灵机一动，召集孩子们讨论怎样才能将香蕉拿下来。孩子们议论纷纷，有的说用牙咬，有的说用刀砍，有的说老师帮忙。我把孩子们的说法都做了一遍，的确可以拿到香蕉。这个时候，我启发孩子们想一想："老师做到了，你们怎么用自己的力量拿到香蕉呢？"孩子们面面相觑，一脸茫然。我把香蕉放在一个高点的桌子上，拿起一个香蕉，慢慢地转起来，香蕉的根部有一点松动了，我继续转啊转，慢慢地香蕉竟然转了下来，孩子们纷纷拍起手来。我请孩子们也来试一试，看这个办法行不行，起初转起来确实有点费劲，我鼓励孩子们继续坚持。一个孩子成功了，两个孩子成功了，越来越多的孩子成功了。孩子们都凭借自己的力量拿到了香蕉，一个个激动得欢呼雀跃。看着兴奋的孩子们，我请孩子们回想是怎么把香蕉拿下来的。孩子们纷纷说："转转转，用力转，转转转，用力转，香蕉自己跑下来。"欢呼声不绝于耳。

分析

手是认识事物某些特征的重要器官，《3~6岁儿童学习与指南》健康领域中指出，要创造机会和条件促进幼儿手部动作的灵活协调。我们应当注重培养幼儿手部的操作能力，发展幼儿手部的精细动作和操作技能。

小班幼儿受年龄特点的制约，遇到困难容易放弃，需寻求教师或其他成人的帮助。教师要抓住日常生活中的有利时机，进行巧妙地引导，相信孩子们的能力，引导孩子们凭借自己的力量解决困难。

剥香蕉是件很小的事情，但我愿意以此为契机，打开孩子们稚嫩的思路，激发他们未知的能量，去解决生活中遇到的各种困难，相信孩子们的能力一定会在一次又一次的锻炼中获得发展。

指导与跟进

手部小肌肉动作的发展需要循序渐进，即通过各种各样的活动进一步地促进。3~6岁的幼儿正处于手部肌肉发育阶段，同时也是喜欢涂画、撕贴的年龄段，如执笔、画线、涂色、折纸、剪贴等，这些动作对幼儿手部小肌肉群的发育，各种动作的协调发展，手指的灵活性发展，都起到了很好的促进作用。通过以上各种途径的手工操作活动，幼儿的小肌肉动作有了明显的提高，动作协调性、灵活性明显增强，生活自理能力有了快速的提高。而生活自理能力的提高离不开生活教育，生活教育离不开家庭教育，所以，家园联手更会事半功倍。与此同时，幼儿在各种活动中表现出来的积极、主动、勇于参与的精神状态，也有效地发展了幼儿的观察力、感知力、注意力，同时也会增强他们的自信心，从而培养幼儿健康、活泼的个性。

挖土机真厉害

转眼间，小班孩子们入园已有两个月了，在老师们的细心呵护下，孩子们较刚入园时有了非常大的进步。每天早上不再拉着妈妈的衣服不肯放手，老师看到的是一张张笑脸；不再把衣服随便乱扔，而是学会了熟练地放进自己的橱子里；起床时，也能自己快速穿鞋子了，虽然偶尔也会穿反，但进步之大，着实令人欣慰。最可爱的还是小班孩子们独有的依赖性，遇到伤心事，就会依偎在老师怀里，眼泪、鼻涕统统抹在老师身上，而老师心里却是甜蜜的。

但最近观察孩子们吃饭时，我发现了这样一个现象：孩子们吃饭特别慢，尤其是稀饭，有的孩子舀不到嘴里就漏完了，有的则根本盛不到勺子里去，勺子只舀得到表面一小层，一碗稀饭要喝很久。天气逐渐变冷，吃得越慢饭就会越凉，可能造成胃部不舒服。看到这样的情形，我决定逐个击破，先从喝稀饭问题开始。

偶然间发现，在工地上轰隆隆的挖土机、吊臂长长的大吊车是孩子们的最爱，而我们班上正好也有挖土机、大吊车等玩具，平时课余，孩子们经常拿在手上把玩，喜爱之情溢于言表。"挖土机真厉害，轻轻一挖就起来"，儿歌响在耳畔，提醒了我。何不把勺子比作挖土机呢，既然孩子挖稀饭只挖表层，那就学学挖土机，使劲往下挖呗。此方法一出，效果还挺显著，孩子们的情绪被调动起来，都争着往下挖，教师再适时地给孩子们鼓励："看看谁的挖土机挖的'土'最多，还不让它掉出来。"游戏过程中，孩子们逐渐掌握了"挖土"的方法，除了能把表层的稀饭稳妥地放进口中外，也会往自己碗里挖更深的食物了。看到他们吃得那么香还很有趣味的样子，我们满心喜悦。

分析

寓方法于游戏之中，让孩子轻松地、有趣味地掌握了要领，也解决了孩子喝稀饭的问题，为促使孩子身体健康开了好头。但习惯的养成不是一蹴而就的，需要逐个分析，想出办法，像堡垒一样逐个突破，并长期坚持才能最终获取成功。对于教师来说，只因心中有无限的爱，才会有灵光一闪的若干瞬间。

指导与跟进

进餐时巡视能更好地把握每个孩子的情况，再通过逐一引导达到生活教育的目的。小班幼儿的生活是所有工作的重点，尤其是入园初期。教师的细心、耐心，以及灵光一闪的教育智慧，解决了幼儿进餐的一大问题。

"倔强"的圣文变了

故事描述一

开学第一天早晨，我因有事去了趟幼儿园门口，听见门口一阵哭闹，走近一看，原来是圣文。只见他蹲在地上，双手紧紧抱住奶奶的一条腿，边哭边闹地说："我不要，我不要！"奶奶用力拉他起来，他却死抱着腿不肯松，哭着说："我们换一家吧！"听了这话我不由得笑了一下，走过去试图拉他入园，没想到他力气很大，而且身子往地上赖，我手一下子就被挣脱开了，于是我提了提气，一把抱起这个小胖子就往教室走。

到了教室后，连忙关好门再放他下来，可他跑到门边又是一阵拍打。拍了一会儿发现还是出不去，就站着大声地哭起来了。在开学初的时候我就知道他很喜欢桌面游戏，于是我走过去安抚他："圣文，你不是喜欢玩玩具嘛，幼儿园有好多玩具呢，你看！"我指了指桌面上的积木，他看了看，哭声小了，但还是站着不动。于是我拉着他走过去，把桌上的玩具放在他手里，果然，他一拿到玩具就停止了哭闹，坐下来认真玩了起来，一直到放学都没有再哭。

故事描述二

开学两周后，孩子们基本都习惯了幼儿园的生活，生活习惯有了较大的进步。今天上课让孩子们给树叶排队，我说："现在请小朋友上来给树叶宝宝排排队。"圣文就跑到我面前，两手拍着胸口着急地说："老师，请小耗子（幼儿胸前戴着动物图片）吧！"我假装不理他，说："我要请乖宝宝。"他还是不坐好，淘气地说："老师，我听话我听话，请圣文吧！"我对他说："你不听话，听话的宝宝应该坐到位子上。"他耷拉着眼皮，又问了那句总是喜欢挂在嘴边的话："奶奶会来接我吗？"我说："你坐好了，奶奶就会来接你，老师还会请你上来。"于是他一脸不情愿地回去，但还是在座位前站着看我面前的树叶。

故事描述三

这天中午吃的蒸包，里面有青菜、香菇、肉丝等。我刚把碗端到圣文面前，他就把头一扭说："我不吃菜。"我说："要吃的，青菜营养好，蘑菇是小兔最喜欢吃的。"他只挑里面的肉丝吃，吃到没有了就端着碗说："老师，我还要肉。"我说："你把碗里的菜吃掉了，我就给你好多肉肉。"他倔强地说："我不要吃菜，我要肉，我要蒸包。"于是我走过去，端起碗喂他，他就是倔强地不张嘴，我勺子凑到哪边，他就把嘴巴转到另一边，最后干脆趴在桌上不吃了，于是中饭就吃了一点。

故事描述四

孩子们吃饭分两个餐具，一个放菜一个放饭，饭吃到差不多时就开始添汤。我逐个添汤的时候，圣文跑来说："老师我要喝汤，我要好多好多的汤。"我看看他的碗，饭和菜都没怎么吃，说："你去坐好了先吃，老师会给你盛汤的。"他还是在我身边转啊转地要汤喝，于是我把他带到座位上，撇开了绿色的叶子给他盛了汤，说："老师现在给你盛了好多的汤，但是你要答应老师，要吃得干干净净的，吃干净了老师就奖励你一朵小红花。好不好？"他开心地说："好的，我要小红花。"过了一会儿，圣文真的把饭吃完了，但是菜还是剩下了。

分析

从这几个月圣文的表现来看，首先他很喜欢得到老师的表扬，并且在老师夸他时会露出得意的神情，说明他还是很要求上进的。他的那些话——"老师我听话""老师，奶奶会来接我吗"，表明他知道怎样是对的，怎样老师才会喜欢，做错事了会害怕奶奶不来接他。但是他的自我控制能力还很弱，而且做事的坚持性较差。所以即使知道应该怎么做，还是希望通过闹脾气、撒娇来得到满足，可能在家里就是一直用的这种方法，而得到满足后，又会变得更加任性。

别外，圣文挑食的现象很是严重，喜欢用手把不吃的都挑出来，或者直接要脾气不吃，任是怎么劝、哄、骗都没用，只吃自己喜欢的食物。但是后来我观察到他喜欢吃饭和汤，如果饭里面加点汤汁，他就会吃得干干净净，偏爱豆制品而不是荤菜，点心和零食很爱吃，所以主餐吃得少也不会饿。他奶奶说在家也是同样不爱吃菜，不过只要有汤就会吃得下。

指导与跟进

1. 教师对每个孩子的爱好要了如指掌，搭建起与孩子交流的平台。如圣文刚入园不喜欢上幼儿园，就可以让他玩喜欢的桌面游戏，转移他的注意力，慢慢地他就会习惯幼儿园的生活了。

2. 以鼓励、表扬的话为主，如：表扬睡得好的小朋友，圣文要不要老师表扬呢？那就好好睡觉。夸奖他做得好的方面，如搭积木、娃娃家做饭，增加他的兴趣点，使他继续保持好奇心。

3. 任性的脾气需要慢慢改，不能急于一时，要有坚持性。即使他一再哭闹，都不能满足他的要求，这样只会使他越发任性，遇事就知道用这招。可以冷处理，先让他哭闹一会，慢慢地先表扬他今天做得好的地方，他的情绪就会有所好转，等到稳定以后再开始分析刚才不好的行为，为什么不好，哪里不好，让他自己知道自己的错误，最后跟其他小伙伴作个对比，突出好与坏的效果，使他加深印象。

4. 对于挑食的现象，需要家园配合一起努力。家长要积极配合园里，在家里，家长一定不能迁就孩子，不能只做孩子喜欢吃的食物，也不能给孩子买许多喜欢的零食，如此便会造成营养失衡，就像圣文，本来就是肥胖儿童，这样只会增加肥胖程度。在幼儿园，需要引导他慢慢学会吃蔬菜，用表扬的话语鼓励他先尝一尝，只要他肯尝试，就会慢慢习惯。

故事描述五

现在的圣文，虽然有时候还是像一头犟牛一样，但是行为习惯改善了好多，已经知道和同伴一起分享玩具、友好相处。上课也比刚来园时认真多了，能够坚持较长时间课堂上不乱跑、认真听讲。挑食现象也有所好转，会尝试吃一点点的蔬菜，饭和汤能吃得很干净。现在的他，任性少了点，可爱多了点。相信不久以后他能变得更懂事，也会更好地融入集体生活中。

教师要善于发现并肯定孩子的点滴进步，更需要了解孩子、尊重孩子，然后因材施教，建立适合他的规则和要求，从而有效促进他的成长和进步。

指导与跟进

1. 鼓励幼儿爱上幼儿园，融入集体，愿意与同伴交往，感受与人交往的乐趣。让他们能够愉快地与同伴友好相处，共同游戏、学习、生活。

步骤一，了解每个孩子的喜好，当孩子抵触入园时，及时转移孩子的注意力，让孩子尽快适应园内生活，爱上幼儿园。

步骤二，及时鼓励、表扬幼儿，并以此作为与幼儿交流的主要方式，增强幼儿的信心，给予幼儿温暖，让幼儿感觉教师是关心爱护他的，让他爱上幼儿园。

步骤三，适当告诉幼儿，哪些事情是正确的，应该多做；哪些事情是不对的，会伤害到其他小朋友，正面指出他的问题，并给予鼓励与赞扬。

2. 鼓励幼儿不挑食。让幼儿了解蔬菜的营养价值，通过教学游戏、趣味小故事让他们明白营养搭配的重要性。鼓励幼儿多吃蔬菜，可以利用竞赛的形式，激发孩子吃蔬菜的兴趣。并且通过家长的积极配合，家园一起，共同改正孩子挑食的毛病。

老师，我不行

穿衣服、叠衣服、挂衣服是生活中普通得不能再普通的事情，但对于现在的独生子女而且是刚从家庭来到幼儿园的小班孩子来说，却是需要刻意培养和锻炼的。

进入冬季，孩子们的衣服越穿越厚，一个个胖乎乎、圆滚滚的，看上去很是可爱。可随着衣服的加厚，孩子们也越来越不喜欢穿、脱和自己挂衣服了。下午离园时间到了，我组织孩子们自己尝试穿外套。小月月跑到我面前说："老师，我不行，穿不上。"仔细一看，其实她已经穿上了一个袖子。于是，我鼓励她："月月最棒，自己一定能穿上。"她费力地拉另外一只袖子，我悄悄地在后面帮忙。果然，外套穿上了，月月高兴地拍着小手跳起来："我自己穿上了!"还开心地展示给旁边的孩子看，自豪之情溢于言表。

为了鼓励孩子们自我服务的意识，培养、提高他们的自理能力，我们开展了一系列"我相信，我能行"的自我服务竞赛。先从简单地穿脱衣服开始，引导幼儿学会穿脱坎肩、大衣，在反复练习的基础上再引发孩子的兴趣，开展孩子之间相互挑战的穿衣服比赛活动。通过活动，大部分孩子能够主动地学着穿脱衣服，由于衣服的厚重，有时也需要老师及时地施以"援手"，以使孩子产生"我能行"的自信，而不会因为屡屡失败而失去继续练习的信心。

叠衣服时运用形象的儿歌"小衣服真听话，先把两边对整齐，再让袖子牵牵手，最后请他弯弯腰，看看看，谁最棒"配合直观的演示，让孩子们很快学会叠衣服。随后又进行叠衣服比赛，叠得特别出色的孩子还获得了奖励，更加激发了孩子们叠衣服的积极性。

寒冷的冬季，为了使孩子们的衣服可以得到充分地晾晒，我们给孩子们准备了挂衣服的衣架。于是，脱衣服、挂衣服无形中又给孩子们提供了锻炼、自理的好机会。有很多孩子一开始，不会也不愿意自己挂衣服，经过我们开展的"看谁脱得快""看谁长得高"等活动，孩子们兴致勃勃地参与进来，不知不觉已经很好地学会自己脱衣服、挂衣服了。

分析

当然，孩子现在所做的，只是幼儿自理能力的一小部分，但不可否认这确实是一个良好的开端。孩子们喜欢自己去做，因为孩子们叠起的不只是衣服，更能使他们产生"我能行""我很棒"的成就感。但不容忽视的是，这一良好开端，有时也会被"勤快的老师和家长"无意中给"抢夺"了。所以，在培养孩子自理能力的道路上，我们任重而道远。如何为孩子们创造更多的实践和锻炼的机会，如何适时适当地给予孩子帮助，着实值得我们深思，也是当前迫切需要解决的问题。

老师，多给我盛点

孩子是活泼、多变的，每时每刻，每个看似细微的小事，或许都会使孩子产生意想不到的变化。有些孩子的改变不需要花费太多的心力，可有些较特殊的孩子，即使用尽全身力气，有时也难换得一丝改变，小辛，就是一个这样的孩子。

　　小辛是大班转入我们班的，由于他姓辛，谐音"小心"，所以，我们都喜欢叫他"小辛"。小辛大大的眼睛，纤细的身子，是个性格安静又帅气的小伙子，经常用他那对忽闪闪的大眼睛面对你，特别懂事，招人喜爱。可就是他的饭量，着实叫我们担心和无奈。每次给他的饭菜总是少了再少，可一到吃饭，他的脸上还是愁容满面。由于饭量小，小辛的身体就像班级的"晴雨表"，稍有风吹草动，小辛总是第一个病倒，每次和他的家长交流时，他妈妈脸上的愁容和担心溢于言表，我们暗下决心，要把小辛的饭量提上去。

　　有些事情总是想的简单，做起来却很难。一般的奖励、表扬，对不爱吃饭的小辛来说，均不管用，几番回合下来，效果不甚明显。其间，我们多次和他的妈妈沟通，了解到小辛和别的孩子有很大不同，既不太喜欢吃肉，也不太喜欢吃菜，对于一个什么都不喜欢吃的孩子，怎么让他多吃点饭，真是感觉像是"老虎吃天，无处下手"啊！

　　一天，向来吃饭特别好的小清，在盛饭时一反常态，满面愁容地说："老师，我难受，想少吃点。"我们帮她盛了比平时量少很多的饭菜，她高兴地离去，很快吃完了，而且满脸开心。我灵机一动，何不用这个方法来帮帮小辛呢？

　　于是，再次开饭的时候，我给小辛盛了很少的饭菜，并且嘱咐他只要吃完就可以得到奖励。出乎意料，他真的吃完了。我立即带动全班小朋友为他鼓掌，奖励他红花，小辛也一脸开心。接下来的一段时间里，我趁热打铁，每次吃饭都给他盛少量的饭菜。只要吃完，都可得到不同的奖励，小辛的吃饭热情慢慢高涨了起来。

　　治标更需治本。小辛是个喜欢安静的孩子，不太喜欢运动。为了帮他增加食欲，慢慢增长饭量，后期我们开始注重在日常生活中吸引他参加各种运动。如：早上来园，请他和其他小朋友一起跳绳比赛；户外活动，老师会主动招呼他和其他孩子一起扔沙包、跳蹦蹦球。随着时间的推移，小辛慢慢喜欢上了运动，爱和小朋友们一起玩耍了。不知不觉间，小辛盘里的饭菜在慢慢增加，生病的次数也在逐渐减少。

这样的努力大约持续了半年，春节过后的一天，正值午饭时间，小辛悄悄凑到我耳边："老师，我喜欢吃幼儿园的饭了，多给我盛点。"一股暖流涌上心头，眼前模糊了，我激动地一把把他抱在怀里，忍不住亲了他一下："好小辛，你爱吃幼儿园的饭菜，就是对老师最大的奖赏啊！"小辛甜甜地笑了，我的心也在瞬间被温暖了。孩子每时每刻都在成长、变化。可我深深懂得，小辛的改变，意料之外，情理之中。有爱护航，孩子前行的旅途一定一路芬芳。

分析

教师之爱，蕴藏于每一个细节处，对于小辛，正是由于老师时刻把他记挂在心中，才会从日常生活中得到灵感，通过先减少后增加的办法，逐步鼓励小辛爱上吃饭。这是一个漫长的过程，但教师和小辛自己的努力，让这件事顺利进行了下去，小辛的身体状况也越来越好。

好玩的拱形门

今天来到户外大柳树底下，小朋友们吵着要玩滑板车和小推车，昨天答应他们的，早饭后，孩子们就迫不及待地催促着我们出来玩儿。

　　可心抱着拱形门摆来摆去，看得出他非常喜欢这样玩拱形门，也可以看出他运用材料的能力非常突出。平时小朋友们玩拱形门，总是钻进钻出，可心却衍生出了更多的游戏内容；他用拱形门搭建了一个家。自主游戏中，我们也会发现孩子们有很强的创造性和使用材料的能力，同伴之间也会有很强的模仿性，相互学习，彼此影响。

　　游戏中总是会有小朋友不断地参与进来，可心总是会灵活地请他们参与到自己的游戏中，没有排斥，而是欣然接受，跟大家一起玩游戏也很开心，证明可心有很强的交往能力，这是值得很多孩子学习的。

　　可心由搭建的家延伸出了厨房、卧室、餐厅、洗手间，孩子有这样的社会体验，所以愿意把这样的生活体验带入到自己的游戏中去，代入感强，这也是孩子们日常生活经验的体现。

　　一直以来，孩子们在玩拱形门时总是单纯地钻过来钻过去，有时候孩子们很少触碰它，以至于它成了冷门材料。现在他们能将拱形门当成搭建材料，还可以当作体育器械。整个活动中，孩子们不仅锻炼了身体，体验到了与同伴一起游戏的快乐，还挖掘出了以往他们没有想到的新的游戏内容和材料玩法，真正体验到了户外自主活动的乐趣。

分析

　　1. 分享讨论拱形门的更多玩法。教师根据拱形门的玩法开展讨论与交流。通过幼儿间的相互学习、思维碰撞，以及观看其他小朋友玩拱形门的图片和视频等方式，激发小朋友们探索拱形门新玩法的兴趣。

　　2. 鼓励幼儿将自己喜欢的材料带入到拱形门新游戏当中，以丰富拱形门新游戏的探索活动。允许幼儿将娃娃家部分材料带入到拱形门游戏中去，使得游戏更加丰富多彩。

3. 对于想象力突出的幼儿应给予更多的鼓励、信任和放手，发挥他们在群体中的带动作用。每个班级都会有几个具有领导气质的幼儿，他们具有很强的组织能力、领导能力，有的想法非常独特，有创意；有的特别大度，代入感强。教师可以在日常的活动中或者是游戏后，请他们分享和交流自己的想法，教师及时给予肯定和鼓励，以此影响和带动其他幼儿。同时在游戏活动中可对他们更信任、更放手些，让他们充分地去展现和表达，从而使各项能力得到更充分的发展。

水管被挡住了

良好的班级常规是开展各项活动最基本的要求，孩子在幼儿园的一日生活，离不开既定的规则和良好的常规。那么，是不是完全遵守规则就是一件好事呢？我决定做个小试验，看下孩子们在遇到突发问题时是怎么反应的。

正是孩子起床喝水、小便的时间，我把盛水的小红桶放在了饮水机右边的水龙头下面（考虑到可能的拥挤，男孩用右边，女孩用左边）。孩子们陆续过来喝水，当他们看到被小桶挡住的水管时，面面相觑，七嘴八舌地议论着："怎么办？没法喝水了，谁把小桶放到这儿的呀？"他们东张西望。我假装没看见，悄悄走到一边，见没人应答，他们走开了。又有几个男孩进来，其中一个试着移了一下，没有移开，看看左右没人就又走开了。可见，遇到困难，孩子们都选择了绕开，而不是直面困难。

看到这种情景，我把孩子们召集起来，讨论刚才的事情，并请他们想办法解决。孩子们瞪大了眼睛看着彼此，都在等别人说出来，我及时给他们鼓励，再进行引导：如果在家里你会怎样呢？这时有一个孩子说："叫妈妈帮忙。"其他的孩子也附和起来，好像这是最好的答案了。我摇了摇头，继续问："如果在幼儿园呢？你们是不是把父母请过来？"这时候他们傻眼了，我知道，现在是最好的时机了，我结合一些事例为他们讲解了合作的含义，然后让他们自己去想一想。孩子们在我的启发下，七嘴八舌地议论着，最后他们提出来几个建议：可以先用女孩子的水龙头，或合力把桶移开，还可以请老师帮忙……

孩子们的思维打开了，各种奇思妙想也会随之出现，如果他们不再以自我为中心，学会想办法，学会协同合作，那么解决问题的方法就多了。表扬过孩子们之后，我话锋一转："那么你们想过没有，这个桶是谁放的，可以挪开它吗？"因为学会了思考，这次他们回答得也很快了："为什么不？这可是我们平时喝水的地方。""那，最后我们该怎么解决这个问题呢？"我笑着对他们说。很快，他们就把小红桶移开了，而且还顺利地喝上了水。

分析

实验完成了，我也找到了需要的答案。幼儿在发展水平、能力、经验等方面都存在着个体差异，在遇到困难时表现也各不相同：有的孩子反应快，有的孩子反应较慢。当遇到不好解决的问题时，反应慢的孩子容易退缩，直接绕路走。这就需要教师做一个敏锐的观察者，及时关注幼儿在活动中的表现和反应，敏感地察觉他们的需要，给予适时的帮助，并针对不同层次的幼儿提出不同的要求。教师应充分利用这个契机，适时地介入幼儿的争论，给幼儿自己解决问题的机会，引导孩子动脑筋、想办法，发现问题、解决问题，并让他们运用已有的生活经验，通过各种感官，亲自动手、动脑去尝试。

指导与跟进

　　规则存在于生活的各个活动环节中。在活动中，我们应该注意帮助孩子建立起规则意识，来培养幼儿的坚持性。幼儿要遵守幼儿园及日常生活中的规则，做个守纪律的好孩子，但当遇到一些突发的事件及困难时，当自己的生活受到影响时，就要积极地去想办法应对，不能因规则的存在而沉默，慢慢学会和同伴合作。这样一来，方法多了、力量大了，那些成长路上遇到的困难也容易解决了。"不积跬步，无以至千里；不积小流，无以成江海"。只有让孩子一点点积累经验，他们才会有解决困难的方法，才会在下一次遇到同样的困难时轻松解决。教师要给孩子正确的引导，及时给孩子鼓励，让孩子更快、更有效地解决困难，逐步养成遇到困难不退缩，勇敢面对，想方设法解决困难的良好品质。

扒不开的橘子皮

　　冬季，天气干燥，孩子们需要多喝水和吃水果，才可以更好地维持身体机制的平衡，保持身体健康。橘子生吃有益气、强身、助消化、健脾胃、降血压的作用，对防治化脓性咽喉炎、扁桃体炎、病毒性感冒有一定的效果，是冬季的时令水果，所以，我们会鼓励孩子们吃橘子。可分发橘子后，发现好多孩子拿着橘子只是看，却不吃。我很奇怪，问过他们才了解到，有的橘子皮很厚，他们扒不开橘子皮，于是就只能拿着橘子玩却不吃。

　　虽说小班孩子年龄小，力气也小，有很多力气活儿确实做不到，但小小的橘子，按说是应该可以扒开的。于是我启发孩子们想想怎样将橘皮扒开：有的说用力掰，就能掰开；有的说用指甲抠开……孩子们议论纷纷。我总结了孩子们想到的方法，并肯定他们想到的都是非常好的方法。但是，遇到特别厚的或者硬的橘子皮怎么办呢？孩子们都没吭声，我选择了一个皮较硬的橘子，请孩子们试一下我们总结的方法，都扒不开。我便做了一下示范，用嘴咬开橘皮再用手抠开就容易多了。

学会了这个方法后，扒橘子皮便成了一件简单的事情，孩子们都可以做到，不需要同伴或者老师的帮忙了。

分析

在日常生活中，孩子们会遇到各种各样的困难，如何引导孩子去想办法解决这些问题，从而慢慢提高孩子的自理能力，值得我们深思，更需要我们善于发现细微处的教育契机。

手指割破之后

我在家中一不小心把手指割破了，匆匆消毒、包扎后，虽然说十指连心疼得厉害，但也没怎么放在心上，早早就来上班了。没想到今天来到幼儿园，我的手指却成了孩子们关心的焦点。

先是润泽，急匆匆地捧起我的手，仔细观看，一脸严肃地问："宋老师，疼不疼？你怎么这么不小心啊！"看他那一脸认真的样子，我的心里涌起一丝甜蜜。其他的孩子也纷纷围在我身边，七嘴八舌地询问，萱萱还鼓起小嘴，帮我吹吹，边吹边小声嘀咕："我受伤了，妈妈总给我吹吹，吹吹就不疼了。"一种感动涌上心头，一种责任压在肩上，这是对孩子最好的安全教育的时机。

由于孩子们年龄小，好奇心特别强，总喜欢东摸西看，到处探索，所以在生活中特别容易受伤害。于是，我假装痛苦的样子，"哎哟哎哟"地喊起来，然后问孩子们："你们知道老师怎么受伤的吗？"用刀割的，用剪子剪得……孩子们议论纷纷，把生活中容易伤到人的东西，说了个遍。我又引导孩子："除了这些看到的危险，还有哪些危险我们看不到呢？"孩子们想了半天，我启发道："小朋友喝水时，水热了会怎么样？""会烫到。""在教室跑快了会怎么样？上楼梯推、拉小朋友又会怎么样呢？"孩子们又开始议论纷纷，我又引导孩子们讨论，这么多东西容易伤害到我们，我们要怎么对付它们呢？"要小心，要加倍小心，切东西慢一点，要看清楚再切，在教师里不能乱跑，喝水前先试试水温"……

分析

看到孩子们因为激烈的讨论而变得通红的小脸，我深深松了一口气，虽然今天的安全教育始于一次意外，但却起到了意想不到的效果。孩子的生活是灵动的，潜在危险和他们的探索活动如影随形，教师要把握细微的教育契机，一以贯之地教育孩子避免危险的发生，呵护他们的安全和健康。

孩子们对我割破手指的关注，也使我深深感受到了来自孩子内心深处的那份关爱，我被深深地感动，也被这种关爱温暖着，激励着我用更多的耐心、爱心和细心，来面对这群可爱的孩子。

或许平凡而又平淡的生活中，有很多不经意的感动和温暖都被我们忽略了。其实，爱和温暖就在我们身边，会在每个不在意的瞬间掠过。只要有心，只要用心，爱和温暖无处不在。让我们用行动去彼此温暖，相信生活会更加美好。

微笑的兜兜褂

　　雪花飘飘，北风呼啸，寒冷的冬季里，孩子们换上了厚厚的棉衣，随之而来的颜色鲜艳、图案有趣的兜兜褂也应运而生了。孩子本就胖乎乎，再加上棉衣和可爱的兜兜褂，更反衬得孩子们憨态可掬、逗人喜爱。可爱之余，我也发现了这个小兜兜褂的不足之处。好多孩子本来已经可以在教师的辅助下，较自如地穿脱衣服，但兜兜褂都是背后开口，想自己穿也不太可能。于是，每天穿、脱、扣扣子等若干事宜就必须由老师来帮忙了。偶然的一次，午睡起床好多孩子需要帮忙穿衣，一时间我们都忙不过来。不经意间，我看见凝凝小朋友正在帮助别的小朋友穿兜兜褂，样子很认真，不仅顺利地帮对方穿上了，而且还帮他扣上了扣子。心里不禁暗暗高兴和惊异，这么小的孩子能够想到去帮助别人，而且有模有样，确实不简单，也是可以借鉴的榜样。

　　于是，我把凝凝和那个小朋友叫到跟前，请小朋友看着，请他们又表演了一遍，其他孩子都不自觉地拍起手来。于是，我表扬了他们，并请凝凝说说他是怎么学会的，以及如何主动去帮助别的小朋友的，鼓励其他小朋友向凝凝学习，当别的小朋友遇到困难的时候，要尽力去帮助别人，并请孩子们就从帮助穿兜兜褂的小朋友开始，让每个兜兜褂都微笑起来。

分析

　　或许，我们会觉得小班的孩子受年龄的局限，帮助他人的意识比较薄弱。其实不然，通过一段时间的观察，我发现，小班孩子帮助他人的行为还真不少呢。比如，大便没带卫生纸，大便完就在盥洗室使劲喊老师，大多数时候老师都是有叫必到，但偶尔也会由于忙碌出现顾此失彼的现象。这时，我们发现就会有热心的孩子跑到正在忙着的老师跟前，大声喊："老师，×××大便，我给她送纸去。"有的孩子在盥洗室上厕所不小心滑倒，当老师听到哭声跑来时，已经找不到了哭声的来源，原来又有热心的孩子已把摔倒的小朋友扶起。记得还有一次，恰逢停水，有的孩子前面接水时接了一大杯，没喝完就放进了放杯子的橱子里。停水时，还不忘把剩下的水匀给别人一点。

指导与跟进

　　罗丹说："世界中从不缺少美，而是缺少发现美的眼睛。"对于教育者来说，不是年龄小的孩子就一定不会有帮助别人的意识和行为。只要我们细心观察，就不难发现，年龄越小的孩子越纯真，越愿意帮助别人。同时，幼儿的模仿能力是很强的，虽然他们不一定能够理解大人行为的意义，但是却有着很强的模仿能力，所以，老师和父母首先应该以身作则，在生活中用自己的言行来影响孩子，相信孩子会逐步形成自助和帮助他人的优良品德。

老师，我找不到彩笔

　　又到了美术活动的时间，这一次，我要教孩子们画"蚂蚁捕食"。孩子们非常配合，笔落在纸上沙沙地涂写着，瞧他们那股认真劲儿就知道我上次的课他们听得很认真。正欣慰着，忽然听到一个带有哭腔的声音传来："老师，我找不到彩笔。"原来是小天，眼看他就要哭出声来了。我并没有立即"实施救援"，而是轻声鼓励他再去仔细找找，不一会儿他又回来了，一边哭一边说："我还是找不到。"我帮他擦干眼泪，正准备与他一起去寻找，旁边的小凯大声说："小天，我帮你找到了！你别哭了。"小天拿着彩笔转回座位开始作画了，我却陷入了深深的沉思中……

小天是个眉清目秀又乖巧的男孩子，平时非常听话、懂事，可就是有点娇气，受不了丁点挫折。他是升入大班后新转入我们班的。由于是新加入的孩子，我担心他会有诸多的不适应，所以在生活和学习上，我们格外地关注和帮助他。可经过一段时间的观察，我发现这个孩子身上表现出来的问题还是有些严重的。就像"彩笔事件"，此类事件在他身上层出不穷：找不到座位，找不到水杯，找不到小椅子，找不到小朋友和他玩……随便一个理由，他都会"以泪洗面，楚楚可怜"，谁看了都忍不住想帮他。可回过头来反思一下，这个"帮"既不是长久之计，也说不定会害了他，使他养成一个事事依赖的习惯，对他的成长是极为不利的。于是，我便打定主意要慢慢改变他。

分析

虽说"治标也要治本"，可对小天来说，哭，即是他应对突发事件的"武器"，也是治理坏习惯必先去除的"盔甲"，所以我们先从治理他的"哭"开始。哭是孩子遇到困难、寻求帮助最直接也是最有效的手段，对于小班刚入园的孩子还可以谅解，但作为马上要升入小学的孩子来说，却暴露出了诸多的弊端。一开始，面对他的哭，我先是"视而不见"，耐心等他哭完，发泄得差不多了，再转入正题，首先让他感觉到老师是可以信任和依赖的。接下来的日子，当他再遇到困难跑到老师面前时，我就尝

试 "先发制人"："小天是勇敢的孩子，告诉我发生什么事了，我帮你。"本来想哭的他，被我的话硬生生给 "截" 回去了，忍着哭，慢慢诉说着事情的原委。我再根据实际情况给予适当的 "帮忙"。如此反反复复，小天开始慢慢学会克制自己的哭，用合适的方法向老师寻求帮助。

圆圆月饼香

又是一年月儿圆，又是一年月饼香。在桂花飘香的时节，在我们的翘首期盼中，中秋佳节如约而全。看着孩子那说起月饼时馋巴巴的渴望眼神，我们决定在这团圆的日子里，带领孩子们亲自制作月饼，既可以解馋，又可以很好地让孩子在制作的过程中体会劳动的艰辛，潜移默化地进行爱惜粮食的教育。

我们开展了月饼三部曲：猜一猜、看一看、做一做。先请孩子观察做好的月饼，猜一猜是如何做出的。再观看做月饼的教程视频，这样孩子们就对如何做出月饼有了直观的印象。接下来便请孩子们亲自做一做，我们为孩子们提前和好了面粉，还准备好了香香的豆沙馅、形状各异的月饼模子，孩子们都看得跃跃欲试了。分好物品，孩子们就投入了 "战斗"。游动的小鱼，摇曳的树叶，吉祥的福字，还有不知名的花纹图案……在孩子们手中如魔术般地变化出来，孩子们的惊喜溢于言表。当烘烤好后的月饼发到孩子们手中时，孩子们更加兴奋不已，他们相互介绍着自己的 "作品"，脸上有掩饰不住的喜悦和自豪。品尝时，孩子们也仔细地用另外一只手接在嘴巴下面，生怕掉在地上，浪费一粒呢！看来再多言语的教诲，都不如亲自动手做一做，能体会到劳动的艰辛。

分析

在这个过程中，孩子们亲身参与、探索、实践，获得了新的经验，幼儿是在情境中、行为中学习的，所以他们会格外专注、积极参与。幼儿的学习、探索是为了获得新的经验。对幼儿而言，过程性知识、经验更具有现实价值，幼儿很多时候是在动手、动脑、亲身参与的过程中去学习的，只有在过程中遇到新的问题，经过探索和研究，形成新的经验，才能帮助幼儿形成"新的能力"。

打架风波

一次，户外活动时间，小宇气喘吁吁地跑到我面前说："宋老师，不得了了，阳阳把天天的鼻子打破了。"我连忙跟随他跑过去，果然，天天的鼻子有血迹，但并不严重。我压抑住内心的愤怒和着急，尽量用平和的语气问他们两个："怎么回事啊？谁来说说？"阳阳直接吓哭了："我下滑梯时不小心碰到天天了。天天，对不起，我不是故意的。"其实，我最担心的还是天天，这个"哭鼻子大王"不知道会哭成啥样？出乎意料的是，天天没有哭，而是伸出小手，帮阳阳擦着眼泪，还忙不迭地说："没关系，我不疼，真的，我们还做好朋友，一起玩，好吗？"说完，竟没有理会我的诧异，俩人就这样手拉手跑远了。我长长舒了口气，心里说不出的开心。

分析

天天入园后比较娇气，是我们班的"哭鼻子大王"，也不喜欢和小朋友玩。我就创造各种机会鼓励、引导天天融入孩子们中间。孩子们也慢慢接纳了天天，和他一起游戏，关系越来越融洽，于是出现了上面可喜的一幕。习惯的养成需要反复地练习，才能得以巩固继而内化转化为不自觉的行为表现出来。发展是在孩子天性的基础上展开的，天性是自然赋予孩子的，非人力所能控制。只有在天性的展现中我们才能把握孩子多种发展的可能性，使潜在的能力得到最大程度的开发。

调皮的"小霸王"

小汉，长得纤细、瘦小，一副文静的模样，再加上他头发留得长些，不明就里的人常把他当作小女孩呢！可就是这个外表纤弱，不善言谈的小家伙，居然是个无人敢惹的"小霸王"！他的顽皮出人意料，大胆而出格，让人猝不及防，束手无策：

片段一：画画时，大家都在聚精会神地作画，小汉趁别人不注意偷偷用颜料在周围小朋友的衣服上作画。

片段二：户外游戏，大家在三三两两地玩沙包，他抢过沙包一顿乱扔，一会儿打到小朋友头上，一会儿打到小朋友眼睛，一会儿又把沙包扔到花园里的葡萄架上。

片段三：课间休息，小朋友排队上厕所、喝水。小汉不仅不排队，还把别人一把揪出队伍；有时更甚之，故意把尿尿到别人身上或把小朋友推进小便池……

分析

1. 大多班级都会有这样喜欢攻击别人的孩子，但像小汉如此激烈的行为，却很少见。老师头疼，小朋友害怕，大家都"敬而远之"，家长也怨声载道。如果长此以往，小汉就会因为缺乏与同伴的交往而变得孤僻、任性、敏感，甚至会对其一生带来不良影响。

2."种花需知百花异""育人要懂百人心"，任何教育都要因材施教，读懂幼儿行为背后的"潜台词"。

探寻小汉行为的"潜台词"，找寻"攻击"背后的故事

镜头一：有一次美术活动，小茹哭着跑过来"投诉"说小汉剪她的纸。我叫过小汉，把他拉到怀里，一开始他什么也不说，就等着挨训的样子，我也静静等着。后来他憋不住，小声地说："我想帮她把纸剪成两半。"原来，我要求孩子们把一张大纸变成两张，他是在帮忙呢。我拉过小茹："原来小汉是想帮你，不是故意剪坏的。"回头对小汉说："帮别人，要说出来，小朋友还要谢谢你呢！那现在怎么办呢？"小汉似乎明白了什么，小茹也不再涨红着脸了，最后两个小家伙和解了，勾了勾手指头，高兴而归。

镜头二：早上来园，小汉从家中带来了玩具，按规定是不可以的，于是，我耐心劝说。只见小汉把怒气撒在他妈妈身上，拳打脚踢，一阵疯狂的动作。我及时制止了他，并和家长了解情况。原来小汉在家里亦是如此：有什么要求，只小声说一遍，或者有时根本不说，让家长猜他的意思，稍不如意就大发脾气，听到这些，我大致了解了小汉性格形成的家庭原因了。

从上面的表现中，我们看到了一个孤单、倔强、寂寞的身影。他渴望与小伙伴一起游戏，也希望能够帮助朋友，却选用了不恰当的方式。最终，伤害了同伴，也孤立了自己，慢慢地不被其他孩子所接受，他也开始慢慢封闭在自己的世界里。

"反其道而行",孩子对我产生信任和依赖

对待特殊的孩子,必然要用不同于以往的方法。小汉的攻击问题并不是一时半会可以解决的,但也要找到突破口才好。于是,我改变了以往解决攻击问题的老套路。只要有人来告小汉的状,我就"反其道而行之",把他拉在怀里,和颜悦色、娓娓道来。不仅如此,在处理打架问题上一定让两个孩子各自申辩,充分申诉,自己想办法解决。结果在我的"诱导"下,大多都握手言和了。每次处理完打架事件,小汉都会含笑离去。慢慢地,小汉遇到问题总喜欢找我解决,开始信任我,拉近了彼此的距离。

寻找知心朋友,情感有所依托

孩子虽然年龄小,却一样有他的烦恼。经常会听到孩子间彼此诉说开心或心烦的事情。由于长久以来小汉的调皮状态,孩子们不愿意接近他,他的心事也无从诉说,烦恼也无法排解,致使他的攻击行为愈演愈烈。治标还需治本。通过观察我发现,小汉似乎对一个叫文文的女孩特别"照顾"。于是,我开始有意"撮合"他俩,座位排在一起,做游戏分在一组,值日生也安排在一起做……慢慢地,两个人越来越默契,越来越喜欢在一起玩了。小汉由于经常和文文在一起玩耍、游戏、聊天,性格也柔和了很多。

中班孩子在探索中建立起稳定的朋友关系,两两之间的互选朋友现象逐渐增加,小汉和文文就是这样。有了好朋友文文的陪伴,小汉有了可以倾诉的对象,内心减少了积郁,情感也终于有所依托,攻击的行为大大减少了。

家园教育一体化"，使良好行为习惯得到巩固和延续

任何一种好的行为习惯的养成，都不可能只依靠幼儿园单方面的教育，而应该和家长实现良好的沟通，家园合力共同引导幼儿。幼儿在幼儿园的时间毕竟是有限的，大多数的时间是和自己的父母待在一起。为此，我们通过举办讲座、家访、推荐家教书籍等多种方式，帮助家长明确认识到，孩子的攻击性行为得不到改善，慢慢会发展为交往障碍，会对孩子一生产生不良的影响，不可听之任之，任其发展。让家长了解我们现在对幼儿进行的"改变"计划，并请家长填写相关的调查问卷，从而了解幼儿在家中的表现，进行各种方式的干预和指导。我们还为家长提供有效的教育措施，比如给孩子提供安全、卫生、有趣味的游戏材料，邀请小区的朋友、亲属的孩子到家里来玩，与幼儿一起游戏、玩耍，营造一种良好的交往气氛。做到家园携手，使能与同伴良好相处的行为习惯得以巩固和延续。

帮助孩子发现自己的闪光点，培养初步的自信心和自豪感

行为偏执的孩子，内心大多都是孤独而缺乏自信的，所以才会用这样一种激烈的方式来获得满足。《指南》中也提到：人际交往不单指与"人"的交往，还包含幼儿自我的相关内容，即"帮助幼儿增强自尊心和自信心，发展幼儿的自主性等"。由此可见，引导孩子获得初步的自信尤为重要。小汉虽顽皮，但也有他明显的优点，如动作发展得特别好，拍球总是很快就学会，跑、跳、跨更是不在话下，而且比别的孩子做得更好；而且顽皮的孩子都特别皮实，每次打预防针或者活动中不慎摔倒，小汉的勇敢是有目共睹的。于是，在每次小汉有"特长"出现时，我及时在集体面前加以点评和褒奖。小汉的脸上满是骄傲和自豪，其他孩子则是一脸的羡慕，这种正向的积极标定卓有成效。为孩

子创造成功的机会，不失时机地抓住孩子的长处，予以及时的肯定、表扬，给予孩子源源不断的动力支持，使他充分感受到自身的价值。给予孩子体验成功、体验与他人交往的机会，有助于构建和谐的亲子关系、同伴关系以及师生关系。

分析

良好的交往行为是一个循序渐进、持之以恒的过程，耐心等待孩子的成长，给他们一定的时间和空间，相信孩子的发展变化定会大有不同。一次或几次的干预，或许很难收到长期的效果；但目前小汉的改变却是一个很好的契机，在此基础上，继续抓住孩子的闪光点，将其拓展、渗透到孩子的其他交往行为中，让孩子逐渐懂得怎样的行为是受同伴欢迎的。我们需要做一位睿智的教师，于无形中，不着痕迹地解决孩子间"天雷地火"般的纠纷。在孩子的世界里，我们有时要根据实际情况"袖手旁观"；有时则要静心倾听、用心观察，让我们静心倾听"童心"的对话，引导他们健康、快乐地成长。

丁香花开，可爱的旻轩 "变回来"

又是一年春柳绿，又是一年桃花红。

暖暖的春风催开了小河里的冰，也催开了桃花、杏花们美丽的笑脸；黄黄的迎春花更是不甘落后地绽放于每个角落。柳树也像变魔术般，一夜之间发出了嫩绿的小芽，院子里弥漫着浓浓的丁香味道……这一切，都在悄悄地告诉我们：春天来到了。

春天带给我们无限的喜悦和憧憬，而此刻，我看着熟睡中的一张张小脸，心底涌动的不仅仅是喜悦，更有一种甜蜜、满足和自豪。

晏轩是春节过后刚转来的一个小朋友。他活泼、可爱，反应敏捷，适应能力也特别强，很快就融入集体生活中。可由于年龄小，又没有上过正规的幼儿园，所以，很多时候便显得很难与其他孩子相处。如，小朋友在一起画画，他会先把自己的涂满，又会趁老师不注意把小组里其他小朋友的画涂个乱七八糟，导致孩子们纷纷来"告状"。下课时间，他一刻也不在座位上，不是在教室里乱窜，就是把区域里的瓶瓶罐罐折腾得"面目全非"，午睡时间自己不睡，还总扰乱旁边的小朋友，其他孩子都很排斥他，所以更加剧了他的种种"捣乱"行为。该如何对待这个"小淘气包"呢？我陷入深深的沉思。

分析

我有意尝试着在调座位时，让他坐在最前面，恰巧那次，他又破天荒地举手回答了问题。于是，抓住时机，我对他进行口头表扬加"物质刺激"（奖励小礼物）。没想到的是，一上午下来，他都很遵守纪律，出奇得安静和听话。尝到"甜头"的我，和其他老师沟通后，决定集体采用"表扬治疗法"来对付这个小家伙。

接下来的几天，我们步调一致，有机会就表扬、鼓励晏轩，而晏轩的变化确实让我们欣慰。不过，他毕竟年龄小，自控力较差，坚持性也不强。有时也还会犯这样、那样的小错误，但我们都会耐心地和他讲道理，他也不像以前那样偏执，会主动承认错位并很快纠正，看到他的进步如此之大，我们心里都松了口气。

在这个过程中，我们也多次和家长沟通、交流、商讨，晏轩的妈妈也特别支持我们的想法和做法，并在家中积极配合我们。当一段时间的"表扬治疗法"初见成效的时候，晏轩妈妈由衷地说了句："谢谢老师对孩子的关心，好孩子真的是夸出来的呢！"说完，我们彼此会心地一笑，其中的甘甜和困苦，尽在不言中。

指导与跟进

1.《指南》中明确提出：幼儿同伴群体是宝贵的教育资源，是幼儿成长环境的重要组成部分。这说明同伴群体对幼儿发展起着举足轻重的作用。后期我们会多给孩子创造一些同伴交流的机会，让孩子尽可能多地参加集体活动，逐步学会与同伴友好相处，从而发展他的交往能力、协作能力，更好地帮助他融入集体中。

2. 良言一句三冬暖，成人如此，更何况是四五岁的孩子呢？以后的日子里，我会继续用心观察，捕捉生活中的教育契机。同时有效地做好家园配合，真正实现家园合力，促进昱轩健康、快乐地成长。衷心期盼我的"夸"就如这丁香花一样，丝丝清香沁入孩子心田。

肥皂盒—气垫船—货仓

今天进行科学探究活动：什么东西可以浮在水面上？孩子们专心地进行着探究。这时，我发现辰辰和别人做的不一样。他正在试图用一张粉色的纸将一个镂空肥皂盒包住，我问他这是要做什么，他说要做气垫船。可是纸很快就散开了，于是辰辰找来一根皮筋将纸勒住包好肥皂盒后，把肥皂盒放到了准备好的水盆里，气垫船持续了三秒钟后就沉了。他又找来一块纱布，然后将纱布包在肥皂盒上，第二次将肥皂盒放入水盆中，同样也是三秒钟后就沉了，他说："我必须要找到不透水的材料。"

他来到美工区，找来一块皮布，反复摸了摸、看了看后，就把皮布用同样的方法包住肥皂盒。可是皮布太大，他找来剪刀剪掉了一块，又用剪刀剪掉两块，然后包住肥皂盒用皮筋勒住，用完一根皮筋发现还有皮布垂下来，于是又加了几根皮筋。这样包好后，辰辰第三次把气垫船满怀期待地放入水中，气垫船在水里漂浮了5分钟，水慢慢渗透皮布，他立刻拿出来观察了一番，说："皮布只是在外面刷了一层胶所以还是会浸湿的。"他发现我的快递盒里有塑料袋，于是就用塑料袋包住肥皂盒，又发现袋子有口，于是直接把肥皂盒装了进去，然后用皮筋勒住，他得意地说："这下肯定没问题了。"辰辰把气垫船第四次放到水里，气垫船真的没有沉下去。他露出了喜悦的笑容，将他的玩具奥特曼放在气垫船上，又把刚才浸湿的粉色纸折了几下，放在奥特曼的额头上，说："奥特曼得了新冠肺炎发烧了，我要带他去看病。"就这样玩了5分钟，他又把一个方盒子放在气垫船上说："这是货仓，可以拉货。"把两个方盒子一个个摞在气垫船上，变成了货仓，说这是运往武汉的货仓，里面有好多医疗物资。

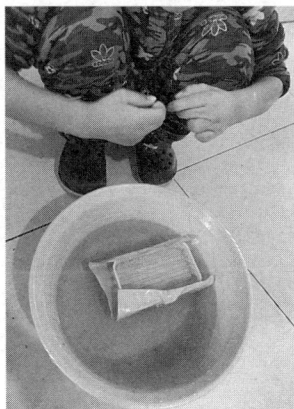

用纸包肥皂盒　　　　　　　　用纱布包肥皂盒

用塑料袋包肥皂盒　　　　载上 "物资" 的气垫船

分析

疫情期间实在无聊透了，对于经常在幼儿园玩游戏的小朋友来说，这次确实提供了一个自己创造游戏的机会，实现了真正的自主游戏。作为观察者，开始跟孩子简单的几句对话，我了解到孩子要做气垫船，可以看出他很有计划性，目的性很强，在行动之前已经有了打算，说明大班孩子具备这样的能力，不再像中小班幼儿处于边想边做的状况。

孩子进行了 4 次实验，每次实验都很专注投入，虽然一次次失败但始终没有放弃，意志很坚定，"不成功不罢休"。通过第一次实验，孩子了解到纸的吸水性，第二、第三次试验了解到布料的透水性，这些都为孩子科学知识的建构积累了经验。能根据船的大小修剪布料，说明孩子有一定的目测和判断能力，并且能够灵活使用剪刀，说明手眼动作很协调。第四次实验时孩子通过不断反思调整，找到了不透水的塑料袋，然后根据当前疫情的状况进行了角色游戏，想象奥特曼感染了新冠肺炎，说明孩子的思维比较活跃，具备了游戏的能力。他能够对奥特曼进行物理降温，说明他有过这样的生活经验，并能进行经验的迁移。随后角色游戏又改为科学探究游戏，将气垫船变为运送医疗物资的货仓，可以说角色游戏推进了科学探究游戏的发展，促使孩子进行了深度的学习。

指导与跟进

新冠疫情对人们的生产生活产生了重大的影响，从孩子们的游戏中就可以体会到。家事国事天下事，声声入耳。幼儿园教育要注重孩子关心家庭、关心幼儿园、关心国家的这种由小及大的情感教育。作为教师，要做好疫情期间幼儿家长对幼儿的教育和管理，真正实现教育合力，引导家长在家庭中不要对孩子进行过多的干预。作为家长，不要怕孩子给自己添麻烦，害怕弄脏客厅、弄湿地面、糟蹋布料等，孩子需要游戏，需要游戏的材料和游戏的环境。如果在家庭中遇到这样的情况，家长要支持和鼓励孩子；如果孩子需要，要及时恰当地给予帮助。

排雷比赛

幼儿园经常会组织趣味性较强的家庭运动会，既锻炼幼儿体质又增进了家园联系。我们的家庭趣味运动会中，就发生了令人赞叹的一幕。有一次开展"排雷"比赛：一共四颗地雷，用排雷工具（纸板）将地雷从隐蔽物"篮子"下面取出来。克服困难先排完雷，第一个到达终点的即为胜者。小泽是我们班最有实力赢得冠军的，他是最后一个出场，只见他听到哨声便快速奔了出去，以极快的速度掀起了一个、两个、三个，把其他赛道的孩子远远甩在后面，我们都特别兴奋，高声给他加油，正在这时，意想不到的事情发生了，小泽快速地把"地雷"放进篮子的时候，由于动作过大，"地雷"反而掉进了"隐蔽物"小篮子里了。我们的心都跟着提了起来，那么小的篮子，那么厚的纸板，大人都难以在篮子中把"地雷"再夹起来，何况是个小孩子呢？

小泽在紧张、慌乱地从篮子里往外夹 "地雷" 的时候，所有的孩子都到达了终点。在场的人都以为他会放弃比赛，因为这个动作几乎没有成功的可能，那一刻，场上特别安静，小泽脸上慢慢溢出了豆大的汗珠，他在默默坚持，我们在静静地等待……终于，他克服了困难，竟然奇迹般地把 "地雷" 夹了出来，然后兴高采烈地跑向了终点。此时，其他孩子已到达终点多时，我以为他一定会非常的沮丧，可出乎意料，他那满是汗珠的小脸上，洋溢着从未见过的自豪和开心。

分析

孩子的世界其实是那么的单纯，或许由于各方面的原因和理由，我们成人关注和关心的只是孩子的名次和成绩，可孩子们却能把成人认为不可能或者看似没有意义的事情，用自己的耐心和坚持，给我们一个意想不到的答案。今天小泽将在场的每个人都深深震撼了：孩子幼小的身体里蕴藏着巨大的能量，他们单纯得像一张白纸，只想着克服困难去完成任务；名次和成绩在他们心里其实不那么重要，我们要挖掘孩子们身边的伙伴和优秀事迹作为榜样，去引导和教育幼儿懂得：做事情只要坚持到底，成败皆英雄。

指导与跟进

在幼儿园组织的各种比赛活动中，有的孩子掌握了技巧，顺利完成了任务，而有的幼儿虽然很卖力，但由于方法不正确，往往无功而返。在这期间，有的孩子稍有不顺就放弃了，有的孩子坚持到了最后，虽然拿到的是最后一名，但他无论多困难都没有放弃，这就是最好的榜样示范。教师要善于挖掘生活中、游戏中孩子们身边伙伴克服困难、坚持不懈的良好案例作为榜样,去引导和教育幼儿,对幼儿会有很大的触动,也会使"坚持性"从抽象变得栩栩如生,从说教变得通俗易懂,利于幼儿接受和模仿。在体育活动中,幼儿对任何一项运动技能的掌握都要经历一个复杂的实践过程,在这个过程中,往往会产生这样或那样的困难,幼儿必须付出较多的体力,进行积极的思考。因此,教师需要引导幼儿以坚强的意志去克服一系列心理障碍,从而培养他们不畏艰难、不怕困苦、百折不挠的意志品质。

善意的"谎言"

看到孩子健康、快乐地成长是我们每位教师和家长的最大心愿。为了给孩子们提供一个展示自我、张扬个性的舞台,我们的才艺大赛应运而生了。舞台上孩子们挥舞着稚嫩的小手,载歌载舞。有趣的故事、形象而夸张的表演,给我们一个又一个惊喜。赛后,为了鼓励孩子参与活动的积极性,我们给每个孩子都颁发了奖状。孩子们的喜悦之情溢于言表。

然而意想不到的事情发生了,奖状刚发完,龙龙和小清就急促地跑到我面前,争先恐后地向我诉说。我先平息了他们的心情,请他们一个个说。原来起因是两个人都获得了奖状,而奖项却不一样,一个是一等奖而另一个是优秀奖,那么一等奖和优秀奖哪个更加好的问题就产生了。两个孩子的理由是那么理直气壮,小清说:"老师每次都说小朋友要好好表现,要做优秀的小孩,当然是优秀奖要比一等奖好啊。"一旁的锦龙毫不示弱:"才不是,一等奖是最好的,这是大家都知道的。"问题的答案似乎很明显，但是在孩子这里却让我难以回答。现实世界的竞争无处不在，所以我们会时刻给自己压力和动力。孩子的世界是纯真的、快乐的，如果他们现在就过早在意各类比赛的排名，对身心的健康发展都是不利的，毕竟我们提倡的是"友谊第一，比赛第二"，最重要的还是孩子们的积极参与。主意打定，为了维护孩子童年的快乐与纯真，我就来个"善意的谎言"吧！

"孩子们，你们都是聪明、勇敢的孩子，能够那么大胆地参与才艺大赛，在那么多小朋友和老师面前表现自己。为了奖励你们，所以才颁给了你们奖状，一等奖、优秀奖都是表扬和鼓励你们的，你们要再接再厉，继续努力啊！"话音未落，两个孩子早已蹦跳着离去。

看着他们满足地离去，我心里欣慰异常。的确，他们的快乐不在于得了几等奖，而在于他们在活动中展现了自我，在他们心里，获得奖状也就是获得了肯定。

分析

孩子真的很容易满足，也很容易有幸福、快乐的感觉，这也是成人所无法企及的纯真。虽然说谎是不好的，但是对于未经世事的幼儿来说，"善意的谎言"可以保护他们的纯真。以后的日子，也许还会遇到类似的事情发生，或许我还要用"谎言"来应对他们，可若是"谎言"是为了带给孩子们更多的快乐，多保留一分孩提时代的纯真，这"谎言"是要得的。

"小燕找窝"的故事

沁人心脾的花香还没嗅到，暖暖的阳光还没尽情享受够，又迎来了新一轮的乍暖还寒。接连不断的雾霾天气，不免使人的心情低沉，难得的一场春雨，洗涤了天空的阴霾，虽是寒冷，却也见到了久违的阳光，湛蓝的天空。

这天的活动是"小燕找窝"，本是很好玩的游戏，我们却有些踌躇：气温很低，孩子们近段时期又生病的居多，到底是室外还是室内进行呢？于是，我们决定发扬民主精神，征求孩子们的意见。没想到孩子们欢呼雀跃，纷纷要求去外面游戏。于是，我们收拾行装，拿好器械，奔向操场。

天气较冷，为了预防孩子们受凉感冒，先带领他们绕操场跑步、跳跃，直至他们微微有汗才开始正式游戏。"冬去春来燕归来，天气晴朗，小燕在外尽情地游戏、玩耍；阴天下雨，小燕飞回温暖的窝。小老鼠的到来，改变了这一切。当小老鼠偷偷把窝偷走后，有的小燕找不到窝了。左顾右盼，着急万分……"小燕找窝的游戏正在进行，平时不善言语的佳煜首先主动发出邀请："你和我一个窝吧。"在她的带动下，有"窝"的"小燕"纷纷邀请找不到"窝"的"小燕"，而且紧紧抱在一起，场面颇为感人。随着"老鼠"偷走的"窝"越来越多，抱在一起的"小燕"也越来越多，气氛也愈发欢乐。同时也激发了小燕"对"小老鼠"的不满，纷纷要求赶走"老鼠"，夺回"窝"。同仇敌忾，联手出击，终于将可恶的"老鼠"赶走，夺回了家园，孩子们欢呼着、雀跃着……

虽是春日，天气却依旧寒气逼人，而孩子们游戏中表现出的自发的互帮互助，却深深感染了我，也温暖了我。我们在埋怨孩子不懂事、不谦让的时候，或许是我们没有给孩子创造合适的机会。"小燕找窝"游戏中，孩子们可以那么自然地就想到互相帮助，就是一个很好的例子，甚至不用老师的提醒或暗示，帮助就那么自然而然地发生了。之前的一幕幕浮现眼前……活动中有的孩子不慎摔倒，有时无须老师的提醒，别的孩子就会自然地跑去搀扶；有的衣服穿不上，不等老师帮助，已有小伙伴及时伸出援手；有的在厕所大便的孩子，会忘记带纸，于是此起彼伏的喊声就会响起"老师，有小朋友没带纸"，有腿快的孩子已将纸送到厕所……

分析

幼儿园的孩子犹如一张白纸，需要每个教师运用智慧去在这张白纸上挥毫泼墨，画出最美的图画。幼儿园的工作琐碎而平凡，而在这琐碎中却蕴含着无限的教育契机。当我们被琐碎慢慢磨平激情的时候，恰恰是孩子最懵懂、最自然的积极行为，感动着我们，激励着我们，使我们坚信：冬已去，燕归来，温暖的春天已到眼前。

午睡起床"关大门"的故事

作为一名幼儿园老师，应该具备的素质，首先就是有爱心。既要做到"博爱"，去爱班上的每一个孩子；又要做到"细致的爱"，在日常生活中，利用点滴小事，把对孩子的爱渗透到细微处。

小班的孩子们年龄小，自理能力弱。所以，孩子们的上衣经常会不塞入裤子里，一弯腰，后面露出腰，前面露出小肚子，冬季天气寒冷，非常容易着凉。老师总是跟在孩子后面帮孩子塞进去，但那么多的孩子确实难以应付，忙碌起来，难免会有遗漏。于是，我们就安排"专人负责"，请每组的小组长在每次上完厕所检查小朋友的衣裤，然后把情况"汇报"给老师，这样一来，效果好了很多，很少有孩子露出小肚皮了。孩子年龄小，坚持性较弱，需要我们做好家园配合，坚持不懈，督促孩子养成好习惯。

冬天天气寒冷，孩子们穿着厚外套。午睡时，老师会嘱咐孩子们脱掉外套，以避免起床时着凉。起床后，孩子们穿上外套却经常忘记或根本不会扣外面的外套扣子或拉链。这样，活动时不方便，也容易着凉。于是，午睡起床后，我就组织孩子们玩"关大门"的游戏，把衣服的两边当作两扇大门，老师一声令下，孩子们一起忙活儿，争先恐后，实在不好弄的，同伴互助、老师适当帮忙。简单的游戏，孩子感兴趣，效果也不错。如此一来，孩子们外套"敞大门"的情况就少有发生了。

分析

幼儿生活自理能力的培养是幼儿园工作的重要内容，像把衣服塞进裤子里、外套扣上扣子等，孩子们以前经常忘记。这就需要教师用眼观察、用心思考。采用朗朗上口的儿歌、生动活泼的游戏，潜移默化地教会他们生活中的小窍门，持之以恒，提高他们的生活自理能力。陈鹤琴先生十分重视幼儿习惯的培养，认为"习惯养得好，终生受其福，习惯养得不好，终身受其罪"。培养幼儿良好的生活卫生习惯和生活自理能力，能为其一生奠定基础。只要用心，老师的关心和爱就会体现在和孩子相处的每个细微处，为孩子的安全和健康保驾护航。

信任的感觉，真好

星宇小朋友两天没来幼儿园了，我不放心，打电话询问，原来孩子得了疝气，需要做手术。我非常不放心，仔细询问了孩子的病情，叮嘱家长有事一定要及时给我打电话。第二天，我正在给孩子们上课，电话铃声响了，星宇的妈妈声音急促地告诉我，准备给孩子打麻药了，可孩子死活不肯进手术室，她着急得不行，打电话寻求我的帮助。在那一刻，我被这种信任感动了，但我也深深知道星宇的脾气，平时很听话，但也非常倔强，打定的主意谁也改不了，虽然答应了星宇的妈妈，可我心里也暗暗捏了一把汗。

接过电话，先没有提及做手术的事，我先询问星宇是不是生病了，哪里难受啊。听到我并没有提及做手术，感觉他紧张的心情放松了下来，慢慢和我诉说着他的病。我开始表扬他一直是个勇敢的孩子，生病了就要找医生看病，要不，病会越来越严重的，既然是勇敢的孩子，就要做出勇敢的行动让别人佩服才行啊。听得出，孩子的情绪发生了变化，说话的口气也高兴了很多，告诉我："宋老师，你放心吧，我一定要做勇敢的孩子，让全班的小朋友都佩服我，我现在就随妈妈进去。"星宇妈妈接过电话，一声声感谢入耳畔。我放下了悬着的一颗心，长长地嘘了一口气，一种感动和自豪慢慢涌上心头……

分析

以前遇到事情的时候，总感觉自己的力量是那么的渺小，有好多事情处理不好，总觉得做好多事情都不被信任和认可。今天的事情，使我改变了这种想法。我知道，平淡的生活中，我们每个人都会遇到挫折，也会有许多的事情让我们不开心。或许很多时候，我们对别人的信任和帮助没有感觉到；但这次，我被星宇和他妈妈感动了。星宇对我的信任是在一点一滴生活琐事中的积累。孩子年龄小，但感情其实很细腻，天长日久的关爱，孩子感觉得到，所以今天才能够听从我的劝说，顺利进行手术。同时也被星宇妈妈感动了，也为自己未知的"能量"震撼了。以前听说过这样的说法：什么是好父母？好父母就是当孩子遇到困难的时候，他第一个想到的是向父母倾诉和求助。那好老师的概念又是什么呢？我用自己的实际行动交上了一份满意的答卷。

　　我不渺小，我有很多自己未知的"能量"，被信任的感觉，真的很好。在以后的日子里，我要用更多的付出和真诚，和家长朋友、身边的同事、朋友继续将这份信任坚持下去，让人与人之间减少猜疑和隔阂，更多一份信任和亲密。

结 语

　　幼儿在活动中，时时刻刻面临困难，面临挫折，面临半途而废的可能。教师要做有心人，抓住教育的契机，利用和创设多种情境条件，提出相关的难题让幼儿感受困难、尝试挫折，引导和鼓励幼儿为克服困难寻求方法，做出努力，提高他们克服困难的勇气，为培养幼儿的坚持性铺下奠基石。教师应该根据幼儿的生理和心理特点，多和孩子一起游戏，要求孩子遵守规则，适当增加一些具有竞争性的游戏。要鼓励孩子力争取胜，也要培养孩子对失败的承受力。当孩子遇到挫折想放弃时，教师应怀着极大的兴趣与孩子一起探讨，以增强孩子的信心，让孩子在解决难题中感受到乐趣，于言传身教中巩固幼儿坚持的意志品质。

　　如搭建游戏是孩子们最喜爱的游戏之一，通过观察，不难发现孩子们的种种表现：既有性格安静的孩子，可以静静地把楼房从最底层开始就一一对齐、一板一眼地将楼房越建越高，虽然偶有坍塌，但也能耐心地观察、分析，找到不足，继续将房建完，直至满意；然而也有一些屡屡失败，却不轻言放弃的孩子。一次次的坍塌，一声声的巨响，引得旁边的孩子哄笑不止，没想到的是，轰然倒塌后，他又会投入新一轮的"战斗"，而且屡战屡败，兴致丝毫没有被破坏，脸上一直都是笑盈盈的，没有沮丧和懊恼。那种乐在其中的怡然，足见幼儿内心深处的那份纯真和执着，不禁叫人动容。

又如在绘画活动时，由于孩子性格、能力的不同，行动快慢也有差别，于是在画画快结束时，慢些的孩子便开始着急，笔画开始潦草，一边的伙伴笑着对他说："记住，坚持就是胜利，要好好画噢！"说完，两个小伙伴会心一笑，活动继续。大班孩子刚学会跳绳，有很多人由于动作发展进度的不同，只可以跳几个，于是，急躁情绪就表现出来，老师会轻轻走到他的身边，面带微笑地说："坚持就是胜利，相信你噢！"书写数字也是大班孩子的"必修课"，可初拿铅笔的他们，却像拿枪一样滑稽，写出的数字更是千姿百态。性格稳定安静的孩子可以擦掉重来，性格急躁脾气大的就恨不得把本子撕掉，于是，又想起我们挂在嘴边的那句"坚持就是胜利"，孩子们重新拿起"武器"，像参加战斗一样，继续"奋战"。

当代教育家叶圣陶先生说："身教最为贵，知行不可分。"孩子的世界是单纯而又简单的，说是一张白纸，一点也不为过，至于如何在这张白纸上挥毫泼墨，则需要我们好好动脑筋。在孩子幼小的心灵中，老师的言行举止，乃至一个小小的眼神，都会对他们产生深远的影响。老师的一言一行潜移默化地影响着孩子，随着年龄的增长，这种影响逐渐发展成一种人生方式。老师平时如果能够注意通过自己的言行举止去教导孩子，往往能事半功倍。如教师看到教室里的废纸，就可对正在玩耍的小朋友们说："你们看，地上尽是废纸了，多影响我们的环境啊！"然后当着大家的面把纸捡起来放回垃圾箱里。如此反复坚持，此后有这种情况出现，小朋友们就会很自觉地捡起垃圾。生活中这样的情景还有很多，如，扶起倒地的椅子、把摔倒在地的伙伴扶起来、上下楼梯靠右走、餐前要洗手、指甲长了及时剪、排队、让座、不随地吐痰、会称呼别人等。这些看似简单、平常的小事，需要教师"身正为范"，教师良好行为习惯的坚持遵守就是孩子学习的直接范例，教师的行为无时无刻不在影响着孩子。要求孩子做到的，教师首先要坚持始终如一做到，于言传身教中达到潜移默化的效果。

另一方面，要家园积极配合，使坚持性的良好品质得以巩固和延续。

幼儿任何一种良好意志品质的养成，都不能只依靠幼儿园单方面的教育，而应该和家长进行良好沟通，家园合力共同引领幼儿。幼儿在幼儿园的时间毕竟是有限的，大多数的时间是和自己的父母待在一起的。而幼儿也具有两面性，在幼儿园往往表现出自己好的一面，到了家里放松了，常常为所欲为。这就需要家庭与幼儿园的合力，实现"家园教育一体化"。为此，我们会把家长请到幼儿园来，参加各种形式的家园联谊活动。让家长了解我们现在对幼儿进行的"坚持性"的培养计划，并请家长填写相关的调查问卷，从而了解幼儿在家中的表现，以恰当的方式进行干预和指导。教师还要为家长提供科学的、可操作性强的育儿指导，帮助家长在家中更好地培养孩子的专注力，做到家园携手，使坚持性的良好品质得到巩固和延续。习惯的养成，非一时半日就可以完成，但千里之行，始于足下；细微之处，才见分晓。

想要更好地培养幼儿的专注力，成人首先应该认识到幼儿受年龄方面的限制，无意注意占优势，注意集中时间短，专注力容易受到无关因素的干扰。这是幼儿的身心发展尚未成熟所导致的，成人要尊重孩子专注力的发展规律。所以在环境创设时，教师和家长要注重环境的安静、有序，给孩子提供一些他们感兴趣的、容易激发探索欲望的玩具和材料，兴趣和情绪是影响他们专注力是否能够持久的重要因素。现实生活是一个处处充满诱惑、时时会有干扰因素的世界，要维持长时间的、集中的注意力，必须具备一定的自我控制能力。所以，从某种意义上说，良好的专注力是稳定而集中的注意力和自制力的结合。

任何良好的行为习惯都不是一蹴而就的。因此，需要教师有足够的耐心和恒心，去引导幼儿形成做任何事情都能坚持不懈、持之以恒的意志品质。作为教师，应担负起鼓励孩子拥有执着、自信的品质，让他们在探索事物变化的过程中体验生活的丰富多彩，为他们健全人格的形成打下一个坚实的基础。

参考文献

［1］李季湄.《3-6岁儿童学习与发展指南》实施问答
　　［M］.北京：北京师范大学出版社，2014.

［2］王致青.全课程区域活动：幼儿园活动区教育解决方案
　　［M］.上海：华东师范大学出版社，2018.

［3］管旅华.《3-6岁儿童学习与发展指南》案例式解读
　　［M］.上海：华东师范大学出版社，2013.